Rudolf Seitz

Ich mach dich fröhlich

Rudolf Seitz

Ich mach dich fröhlich

Kinder malen,
wie sie helfen können

Mit einem Beitrag
von Fritz Boll

Kösel

CIP-Kurztitelaufnahme der Deutschen Bibliothek

Seitz, Rudolf:
Ich mach dich fröhlich : Kinder malen, wie sie helfen können / Rudolf Seitz. Mit e. Beitr. von Fritz Boll. – München : Kösel, 1984.
(Kösel für Eltern)
ISBN 3-466-30260-9

ISBN 3-466-30260-9

Gesamtherstellung: Kösel, Kempten
Umschlaggestaltung: Günther Oberhauser, München

Inhalt

Vorwort

Die Idee dieses Buches reicht zurück in die ersten Vorüberlegungen zur Gestaltung des »Internationalen Jahres des Kindes«, das die Vereinten Nationen für 1979 proklamiert hatten. Uns bewegte damals die Sorge, daß zu viel über Kinder geredet und zu wenig auf sie gehört würde. Wir suchten deshalb nach einem Weg, auch kleine Kinder bundesweit zu Wort kommen zu lassen.

So entstand im Deutschen Caritasverband der Vorschlag, eine Malaktion auszuschreiben für alle drei- bis sechsjährigen Kinder in den uns angeschlossenen Einrichtungen der Kleinkindpädagogik (Kindergärten, Sonderkindergärten, Kinderheime usw.). Als Thema wählten wir die Aussage »Ich kann helfen«. Die Kinder in unseren Einrichtungen wurden eingeladen, in der ihnen möglichen Ausdrucksform eines gemalten Bildes »aufzuschreiben«, was für sie helfen bedeutet. Es gab keine spezielle methodische und didaktische Vorlage, wie das Thema mit den Kindern behandelt und sie zum Malen motiviert werden sollten. Ziel der Aktion sollte es in erster Linie sein, daß sich möglichst viele Einrichtungen intensiv mit dem Thema »Ich kann helfen« befassen, und die Kinder angeregt werden, ihre Gedanken, Gefühle, Erfahrungen und Wünsche dazu darzustellen.

Von Januar bis März 1979 wurde die Malaktion durchgeführt. Wie viele der über 600000 Kinder in den Einrichtungen der Caritas mitgemacht haben und welche Anzahl von Kinderzeichnungen dabei entstanden ist, hat niemand gezählt. Das Ergebnis indessen war beeindruckend: Von April bis August 1979 wurden zunächst in den Einrichtungen, später auf örtlicher und regionaler bzw. diözesaner Ebene eine Anzahl besonders aussagekräftiger Kinderzeichnungen in kleineren oder größeren Ausstellungen der Öffentlichkeit vorgestellt. Sie fanden ein reges Interesse vor allem bei Eltern, Erziehern und Lehrern, aber auch in der örtlichen und überörtlichen Presse.

Eine Auswahl von insgesamt 600 Arbeiten wurde im September 1979 an die Bundeszentrale des Deutschen Caritasverbandes weitergeleitet und für eine erste Ausstellung während des Internationalen Jahres des Kindes ausgewertet. Die Aussagen der Kinder in ihren Zeichnungen erschienen uns jedoch so wichtig, daß wir überlegten, ob und wie diese auch für die Zukunft einer breiteren Öffentlichkeit zugänglich bleiben.

Zugleich sollte auf die Notwendigkeit hingewiesen werden, sich Kinderaussagen zu stellen, diese ernst zu nehmen und sich durch die damit oft verbundene Betroffenheit herausfordern zu lassen. Prof. Rudolf Seitz wählte deshalb 100 Zeichnungen aus, die von der Deutschen Gesellschaft für Christliche Kunst erstmals in der Münchener Galerie an der Finkenstraße gezeigt werden und von dort auf Wanderausstellung gehen.

Dieses Buch wurde möglich durch die Zusammenarbeit von Kösel-Verlag, Deutschem Caritasverband und Zentralverband katholischer Kindergärten und Kinderhorte Deutschlands. Es dient sowohl als Ausstellungskatalog und will gleichzeitig helfen, Kinderzeichnungen lesen zu lernen. Die Bilder und die ihnen angefügten Texte sollen dazu beitragen, Kinder immer wieder zu ermutigen, sich durch Zeichnungen zu äußern. Erwachsene können angeregt werden, die Gewichtigkeit von Kinderaussagen besser zu erkennen und ihr Handeln daran zu orientieren.

Heribert Mörsberger

Einführung: Der Traum vom Helfen

Sie befinden sich eigentlich in der selben Lage wie ich, wenn Sie jetzt dieses Buch durchsehen. Wir kennen die Kinder nicht persönlich, die diese Arbeiten gestaltet haben. Das ist sehr schade. Dadurch geht vieles für uns verloren. Viele Einzelheiten könnten wir besser verstehen und erklären. Vieles wäre sicherlich selbstverständlich, wenn wir beim Betrachten der Arbeiten konkret an z. B. Petra oder Hubert denken könnten.

So müssen wir versuchen, behutsam das zu lesen und zu benennen, was, wie und in welchem Zusammenhang gezeichnet und gemalt wurde. Meine Anmerkungen sollen dabei nur ein paar Seh-Hinweise sein.

Schon während der letzten Auswahl der Arbeiten in Osnabrück am Ende der Malaktion, aber noch viel mehr jetzt, nachdem ich viele Stunden mit den Arbeiten verbrachte, sie betrachtete und über sie nachdachte, stellte ich an mir selbst eine Veränderung fest. Die Fröhlichkeit und der Ernst dieser kindlichen Äußerungen – beides fest miteinander verbunden – überträgt sich auf den Betrachter. Diese positive und aufbauende Grundhaltung, dieses Gestalten aus der Überzeugung, wirklich etwas beitragen zu können, damit sich andere Menschen wohler fühlen, damit sie wieder froh und auch glücklicher werden, ist stärker als jede Resignation und Skepsis.

Jedes Kind erzählt eine Geschichte. Es sind nur hundert Arbeiten ausgewählt worden aus vielen Tausenden. Viele tausend Kinder in ganz Deutschland haben nachgedacht und überlegt, wie *sie* helfen könnten.

Kinder haben da nicht so viele Möglichkeiten. Die Gelegenheiten wiederholen sich, natürlich auch in diesem Buch. Trotzdem ist jede Geschichte einmalig. Jedes einzelne Kind hat sich ganz genau vorgestellt, was es und wo es etwas beitragen kann. Es hat sich die Situation in allen Einzelheiten durchüberlegt, so deutlich, daß es sie zeichnen konnte.

Selbst die Allerkleinsten haben das getan. Mit einer beeindruckenden Selbstverständlichkeit haben sie dann im Bild umgesetzt, was sie bewegte.

An *der* Stelle sollten wir Erwachsenen unruhig werden! Wir lenken hier Kinder auf ein Thema, das uns alle angeht. Wir überlegen uns didaktische Methoden und Zusammenhänge, wir finden und er-finden Einstiege, Geschichten, Gedichte für eine Thematik, die wir – bin ich da zu aufdringlich? – selbst oft nicht ebenso konkret durchdenken. Wo können *wir* eigentlich helfen. Wo tun *wir* es? So deutlich durchdenken, daß wir es mit allen Einzelheiten zeichnen könnten . . .

Helfen ist nicht selbstverständlich.

Diese Art, an den anderen zu denken, ihn mit einzubeziehen in den eigenen Lebensraum und Lebensplan will gelernt und geübt sein, bis es zum selbstverständlichen Verhalten wird. Zum Helfen braucht man auch Gelegenheit. Wir müssen sie unseren Kindern bewußt geben, auch wenn es oft viel schneller ginge, wenn wir es selbst erledigen würden.

Diese Kinderzeichnungen haben ihren Charme und ihre Schönheit. Wir begeistern uns gerne daran. Das ist auch gut so.

Eigentlich sind sie aber eine existentielle Herausforderung. Die vorhin genannte Fröhlichkeit und der Ernst, zu helfen, könnten mithelfen, unser eigenes Leben und das anderer positiver und hoffnungsvoller zu gestalten.

Das wäre mit Sicherheit ein – wenn auch kleiner – Schritt hin zu dem Frieden, von dem alle Welt spricht.

Mir fällt auf, daß ich schon wieder im Konjunktiv schreibe. Das ist typisch: könnte, sollte, wäre . . .

Wir müssen den Konjunktiv aufgeben.

Der Traum vom Helfen kann Wirklichkeit werden, wenn wir – wie diese Kinder – wollen.

Ein paar Ratschläge . . .

Auch wenn man nicht dabei war, als diese Kinderzeichnungen und die vielen tausend, die wir nicht veröffentlichen können, entstanden, läßt sich vom Ergebnis her doch manches sagen, was den didaktischen Hintergrund angeht.

Ein Kind zeichnet, was es weiß, nicht was es sieht
Die Bildsprache des Kindes entwickelt sich mit einer sehr überzeugenden inneren Logik von den ersten Kritzeleien bis zu sehr verfeinerten und phantasiereichen Bildern (nicht Abbildern!). Das ältere Kind zeichnet nicht *besser* als das jüngere. Es zeichnet differenzierter. Es ist älter, hat mehr Erfahrungen, Einsichten und Erlebnisse. Die weniger differenzierte Zeichnung des jüngeren Kindes ist eine voll gültige Aussage, die *seiner* Entwicklung entspricht. In diesem Buch werden viele Beispiele gezeigt, die bezeugen, welche intensiven Geschichten selbst Kinder erzählen können, die noch Kopffüßler zeichnen.

Nehmen Sie jedes Kind in seiner jeweiligen Entwicklungsstufe ernst! Es hat uns viel zu sagen.
Es gilt aber als wichtiger Grundsatz zur Förderung der Kinder: Reiche Sinneswahrnehmungen, ein breiter Überlegungs- und Erfahrungshintergrund machen die Zeichnungen phantasievoller und reicher. Korrekturen an der Zeichnung sind Symptombehandlung, sie treffen nicht die Ursache.

Geben Sie den Kindern die Chance, Entdeckungen zu machen und selbst *nachzudenken.*
Manchen Zeichnungen sah man an, welch gründliche Vorarbeit durch die Erzieherin geleistet worden war. Leider waren die Kinder dann und vielleicht auch ein wenig dadurch so stark geführt, daß sie nicht mehr ihre eigenen Inhalte gestalteten. Es gilt, mit viel Fingerspitzengefühl und Takt, die *eigenen* Ideen der Kinder, *ihre* Vorstellungen und Überlegungen zu aktivieren.

Die Kinder brauchen Impulse, Anstöße, Fragen. Sie sind begeistert, wenn sie mitdenken können und dürfen. Da ist *unsere* Phantasie gefordert. Wir sollten unsere Einfälle darauf verwenden, wie beim jeweiligen Thema, das mit den Kindern entwickelt wurde, daß das einzelne Kind *seine* Chance bekommt.

Sagen Sie es, wenn Ihnen etwas gefällt!
Phantasie braucht eine Umgebung, in der sie sich wohlfühlen kann. Wenn das Kind uns Erwachsene als Partner mit Fröhlichkeit und Humor erlebt, ist es sofort bereit, auch ungewöhnliche Ideen zu verwirklichen. Es braucht nicht zu befürchten, kritisiert oder gar ironisch behandelt zu werden. Nicht *alles* braucht überschwenglich gelobt zu werden. Zeichnen und Malen sind selbstverständliche kindliche Äußerungen. Aber positive Verstärkung lieben wir auch.

Seien Sie neugierig, was die Kinder in ihren Zeichnungen sagen!
Kinderzeichnungen zu lesen ist lernbar – vor allem, wenn sie von *Ihren* Kindern gestaltet werden. Sie kennen Ihre Kinder, ihre Wünsche, Ängste und Vorlieben. All das werden Sie in den Zeichnungen wiederentdecken. Fragen Sie nicht direkt: »Was soll das bedeuten?« Das Kind wird verstimmt sein. Es meint nämlich, es habe deutlich gemacht, was es meint und Sie nehmen es nicht ernst. Versuchen Sie sich vorsichtig an den Inhalt der Zeichnungen und Malereien heranzutasten, wenn es Ihnen noch unklar ist.

Denken Sie daran, daß Kinder vieles besser können als wir Erwachsenen!
Unsere Schulbildung, unser Beruf, unsere Umgebung und nicht zuletzt unsere Hemmungen haben uns vieles verstellt, was Kinder noch können. Sie sind spontan, offen, mutig, unverhohlen neugierig, einfallsreich, flexibel und sehr feinfühlig. Ihre Fähigkeit, Dinge wie zum erstenmal zu erleben, macht diese zum Abenteuer. So aufregend könnte die Welt für uns auch sein.

Die kindliche Bildsprache, die Dinge vom Wesen her beschreibt und be-zeichnet, ist der von uns Erwachsenen überlegen. *Wir* können niemanden mit Kopfweh zeichnen. Die Kinder schon. Innen und außen sind keine Grenzen. Was wichtig ist, ist groß.

Wir denken oft von außen her und achten sehr auf die optische »Richtigkeit«. Da geht viel Wesentliches verloren.

Erobern Sie die Welt mit den Kindern zusammen!
Das setzt eine intensive Vorbereitung voraus. Vieles will überlegt sein, vieles durchdacht. Dann nehmen Sie sich zurück! Das ist für uns Erwachsene schwer, sich soweit zu bremsen, daß Kinder *ihre* Erfahrungen *selbst* sammeln dürfen, obwohl *wir* das Ergebnis schon zu kennen glauben. Wegabkürzungen bringen nichts.

Und – Kinder sind keine Statisten, die nur helfen, Wochenpläne zu absolvieren. Sie lernen nicht nur für morgen. Sie haben ein Recht auf ihr augenblickliches Glück – und wir auch. Müssen wir das zeitlich immer auseinanderlegen?

Lassen Sie die Kinder ein bißchen verschwenderisch sein!
Kinder brauchen viel und vielerlei Material zum Zeichnen und Malen.

Bitte – schreiben Sie nicht in die Zeichnungen hinein!
Das ist noch viel schlimmer, als wenn Sie einem andern ständig ins Wort fallen. Es bleibt stehen. Das Kind zeichnet und ordnet, was es zeichnen will, auf seinem Blatt. Unsere Inschriften – gut gemeint – zerstören die Schönheit der Blätter. Außer dem Namen des Kindes sollte nichts draufstehen. Alles andere gehört hinten aufs Blatt. Legen Sie das Blatt umgekehrt ans Fenster und schreiben Sie auf die jeweilige Stelle, was Sie notieren möchten. Man sieht das gut durch.

Sammeln Sie die Zeichnungen in großen Mappen.
Das ist ein reicher Schatz für Sie, denn die Kinder verdeutlichen, wie sie über sich und ihre Umwelt denken, vor was sie Angst haben, was sie freut, wo ihre Konflikte liegen. Das ergibt oft eine neue Basis für das Verständnis von unserem Kind.

Und – bitte, nehmen Sie die direkte Anrede in diesem Kapitel nicht übel. Ich meine mich selbst auch damit!

Bildteil

Ich tröste ein Kind, das traurig ist
42 × 29,6 cm, Wachsmalstifte
5 Jahre

Wir sehen auf dem Blatt zwei Kinder mit ausgestreckten Armen. Das »traurige« ist etwas kleiner, es steht förmlich ein wenig unter. Das 5jährige Kind hat es mit roter Wachskreide gezeichnet. Ein Fuß ist rot ausgefüllt, einer gelb, der Leib schwarz. Die Hände und Finger sind auch schwarz. Die schwarzen Augen sind je in einen braunen Kreis gesetzt, aus denen die Tränen in Überfülle tropfen. Über den einen Oberarm tropfen sie bis zum Boden. Dieser Kummer ist wirklich überzeugend. Das andere Kind wirkt in der Gesamtgeste viel fröhlicher. Sein Mund ist zu einem Lachen hochgebogen, der des traurigen Kindes ist nur ein trauriger Strich. Die einzelnen Körperteile hat das Kind mit verschiedenen Farben gezeichnet. Der Körper ist gelb und schwarz, getrennt durch die Knopfreihe. Über dem linken Arm »schwebt« das Taschentuch zum Trocknen der Tränen.

Obwohl das Kind noch kaum zwischen männlich und weiblich unterscheidet, vermag es die Stimmungen sehr deutlich auszudrücken. Das kleine Kind ist mutlos, ruft um Hilfe; das größere – bei ganz ähnlicher Haltung – signalisiert: Komm, ich helfe Dir.

Ein Kind weint, ich tröste es
43 × 30,6 cm, Wachsmalstifte
5 Jahre

Die Trauer ist schon fast vorbei. Bei dem freundlichen Sonnenschein (sogar mit roten Backen) muß das ja so sein. Riesengroß hat das Kind den Kopf des traurigen Mädchens gezeichnet mit langen Haaren und überdeckten Ohren. An der aufgerichteten Nase sehen wir zwei Nasenlöcher. Unter den Augen mit Augenbrauen und Pupillen hängen noch zwei Tränen. Der Mund mit schwarzen Lippen setzt aber schon wieder zu einem zaghaften Lächeln an. Im Bauch sitzt der Nabel. Für die Beinchen ist praktisch kein Platz mehr. Sie sind auch nicht so wichtig, wie die Arme, die – ausgestreckt – Hilfeleistung und Begrüßung zugleich meinen. »Flotte« Hände hat sich das Kind ausgedacht!

Ein trauriges Kind – ein fröhliches Kind
42 × 30 cm, Wachsmalstifte
6 Jahre

Ein trauriges Kind. Es ist nur der Kopf gezeichnet: Ein großer Kreis mit herunterhängenden Haaren, struppeligen Simpelfransen und winzigen Ohren. In die Augen, die oben Wimpern haben, sind fast waagrechte, blaue Pupillen mit schwarzem Punkt eingezeichnet, aus denen gelbe, schwarzüberzeichnete, runde Tränen rinnen. Sie laufen um die runden, roten Backen herum, die hier auch merkwürdig traurig wirken. Die Nase ist ein braunes Dreieck. Der Mund ein nach unten gezogener Halbkreis.

Eine überzeugende Niedergeschlagenheit: »Niemand mag mich«.

Ein trauriges Kind – ein fröhliches Kind
42 × 30 cm, Wachsmalstifte
6 Jahre

Wie anders dagegen das freudige Kind. Schon die Haare sind lebendiger. Kleine rote Ohrgehänge zieren den Kopf. Der breite, rote Mund ist nach oben gebogen, die Bakken sind frisch und aktiv. Die Nase ist ein rotes Dreieck. Die Augen sind kreisrund, auch die Pupillen. Zwei Augenbrauen, mit Wimpern kombiniert, runden das Bild ab.

Das Kind hat in beiden Fällen ein Repertoire von geometrischen Formen verwendet, um einen psychischen Zustand zu zeigen. Wie sicher und überzeugend ist ihm das geglückt!

Ich helfe einem Kind, das gestürzt ist
42 × 30 cm, Wachsmalstifte
6 Jahre

Wie ein gestrandeter gelber Berg sitzt das Kind da. Es hat geweint, blickt jetzt aber erwartungsvoll auf den Kavalier von rechts. Die Beine sind weit weggestreckt und mit dem Arm und der gelben Hand greift das Mädchen nach der Hilfe.

Der Junge steht da wie ein kleiner Ritter. Er hat nicht viel Platz, vor allem seine Ärmchen sind sehr kurz und schmächtig, aber aus seinem Gesicht strahlt so viel Zuversicht, daß es wohl klappen muß.

Durch den braunen Hintergrund wirken die weiß ausgesparten Gesichter sehr stark.

Ich helfe einem gestürzten Kind
41,8 × 29,6 cm, Wachsmalstifte
5 Jahre

Das ist wahrlich ein Sturz! Das Kind ist mit dem Kopf aufgeschlagen. Aber schon naht mit großer Geste der Helfer.

An diesem Blatt ist interessant, wie das Kind den Himmel gestaltet hat.

Über dem gestürzten Kind hängt eine bedrohlich ausgebauchte Wolke. Wie ein gefährliches Tier hängt sie über ihm.

Über dem helfenden Kind steht mächtig und dick der strahlende Ball der Sonne.

Oliver hebt das Kind auf, das gefallen ist.
42 × 29,6 cm, Buntstifte
6 Jahre

Oliver zeichnet mit Schwung und Begeisterung. Dabei kommt es ihm nur auf die Hauptsachen an. Ein Kind ist gestürzt. Es liegt am Boden. Fast ist es unter dem Bildrand verschwunden. So arg schlimm kann es nicht gewesen sein: Es lacht schon wieder. Die anderen Kinder sausen mit wehenden Haaren heran. Jedes hat einen anderen »Laufstil«, das kann man an den Beinen und Füßen sehen. Oliver – der größte – ist schon an Ort und Stelle. Damit man auch sieht, wie sehr er gleich helfen wird, hat er seine Arme ganz lang gezeichnet. Im Hauruck-Verfahren wird das liegende Kind hochgezogen. Die Sonne scheint aus der linken oberen Ecke und die beiden blauen Wolken scheinen auch heranzubrausen. Rechts unten hat Oliver noch ein Häuschen hingezeichnet. Da war noch Platz.

Oliver hat ein sehr dynamisches Blatt gezeichnet. Man kann sich die Szene sehr gut vorstellen. Alles ist spielerisch und gekonnt aufs Blatt verteilt. Er zeichnet zwar nur wenige Einzelheiten (keine Finger usw.), füllt die Flächen aber sehr sorgfältig aus. Es kommt ihm auf die Gesamtaussage an.

Ich helfe meinem Freund, der Nasenbluten hat
42 × 29,6 cm, Filzstifte
4 Jahre

Ein Kind hatte sich im Kindergarten an der Nase gestoßen. Gleich flossen Blut und Tränen reichlich. Auch an den Fingern ist Blut. Es rief: »Schwester, schnell ein Taschentuch!« Gleich rannte die kleine Maria los, brachte das Tuch und versuchte, das Blut und die Tränen zu trocknen. Für die beiden Gesichter hat Maria ganz eindeutige Zeichen verwendet. Sogar an den Haaren läßt sich die gegensätzliche Stimmung ablesen. Eine lustige Formel hat es sich für die Nasen ausgedacht. Die Geschwindigkeit des helfenden Kindes wird durch die Schräglage und die feinen Striche über den Armen sichtbar.

Joachim blutet aus der Nase
42 × 29,6 cm, Deckfarben und Wachsmalstifte, 6 Jahre

Eine Geschichte aus dem Kindergartenalltag. Vier Kinder sitzen um den runden Tisch und legen aus farbigen Karten schöne Muster. Hinten sind im Regal die Schachteln ordentlich aufgestellt. Alle haben vorne ein Loch, damit man sie besser herausziehen kann. In ihnen sind die Spielsachen. Unter dem Kreuz steht ein Tisch mit einem besonders schönen Blumenstrauß. Joachim hat sich gestoßen. Das Blut fließt in Strömen aus seiner Nase. Das ist heute besonders peinlich, wo er doch so schön angezogen ist. Sofort springt das Mädchen mit einem Taschentuch auf ihn zu und stillt das Blut. »Zufällig« ist sie auch ungewöhnlich schön gekleidet, mit Röckchen und einem farbigen Pullover. Man beachte die sorgfältig frisierten Simpelfransen.

Ich helfe einem Kleinen beim Mantelanziehen
42 × 29,6 cm, Filzstifte
5,4 Jahre

Besser konnte man den Gegensatz zwischen einem traurigen und einem freudestrahlenden Gesicht fast nicht darstellen. Das kleine Mädchen mit spindeldürren Beinchen steht tränenüberströmt da, weil es seinen Mantel noch nicht selbst anziehen kann. Das größere Mädchen hilft ihm gerne. Es hat den gelben Mantel mit dem Kleiderbügel von der Stange genommen und reicht ihn dem anderen Kind. Dabei strahlen seine Augen wie zwei kleine Sonnen.

Interessant ist die Gesamtaufteilung des Blattes. Unter dem breiten blauen Band am oberen Blattrand, das senkrecht mit schwarzen Strichen unterzeichnet ist (es sind wohl Schrankfächer), wird das Blatt durch drei weitere waagrechte Striche unterteilt: Die Kleiderstange, und die obere und untere Begrenzung des Schuhschrankes.

Kinder zeichnen nicht gerne Überschneidungen, da sie alles so deutlich wie möglich erscheinen lassen wollen. Deshalb ist die Darstellung rechts – der Arm vor dem einen Mantel und dieser wieder vor dem anderen – ungewöhnlich.

Ich helfe einem anderen Kind beim Zubinden der Schuhe
40 × 29,6 cm, Wachsmalstifte
5,8 Jahre

Das Schuhebinden ist so eine leidige Sache. Es will mühselig gelernt werden. Wie stolz ist ein Kind, wenn es das kann. Zwei Kinder sitzen hier mit ausgebreiteten Armen auf einer Bank. Eines hat die Schuhe schon gebunden, beim anderen sind die Schnürsenkel deutlich offen. Das helfende Kind kniet (mit elegantem Absatz) auf dem Boden und versucht sein Glück.

Die Figuren sind aus einfachen geometrischen Formen, aus Kreisen, Rechtecken und Dreiecken zusammengesetzt. Diese Formen genügen den Kindern, um komplizierte Geschichten zu schildern.

Ich helfe einem Kind die Mütze binden
39,4 × 29,8 cm, Wachsmalstifte
6 Jahre

Die Kinder wollen ins Freie gehen. Das kleine Kind hat eine schöne Mütze mit zwei Bändern. Es kann sie nicht zusammenbinden, weil es nicht unter sein Kinn blicken kann. So hilft ihm ein älteres Kind. Wir spüren fast, mit welcher Konzentration es die beiden Bänder anfaßt, um eine Schleife zu binden. Der Körper des kleinen Kindes besteht aus konzentrischen Formen. Das ist oft die ornamentale Ausschmückung des ursprünglich einen zentralen Punktes, des Nabels.

Links neben den Kindern ist die Türe und wahrscheinlich der Briefkasten.

Ich helfe einem kleinen Kind, die Türe zu öffnen
29,6 × 42 cm, Buntstifte
6 Jahre

Übermächtig ist auf diesem Blatt die Türe. Es geht sogar noch bergauf zu ihr. Ein im Vergleich dazu winziges Kind möchte sie öffnen und erreicht die Klinke nicht. Das ist sehr überzeugend. Das 6jährige Kind benützt die sog. Ausdrucksproportion: Was wichtig ist, wird groß gezeichnet. Ungewöhnlich ist, daß wir das kleine Kind von hinten sehen. Vermutlich ist es ein Mädchen. Die Frisur läßt darauf schließen. Seine Freundin oder Schwester eilt zu Hilfe. Sein Körper ist aus einfachen geometrischen Teilen zusammengesetzt, aber – man sieht ihn von der Seite. Sie kommt vom Tisch mit einer Vase und drei Blumen.

Die ungewöhnliche Sicht der beiden Kinder und der »großzügig« gezeichnete Tisch (3 Beine) lassen, auch ohne daß wir es wüßten, darauf schließen, daß wir es mit einem etwas älteren Kind zu tun haben.

Das Blatt macht aber auch klar – was wir Erwachsenen oft übersehen –, aus welch schwieriger und manchmal bedrohlicher Perspektive Kinder unsere Wohnungen erleben.

Wie ich meiner Freundin half, damit sie beim Nachlaufspiel nicht gefangen wurde
40 × 29,6 cm, Wasserfarben
5 Jahre

In der Turnstunde wollte die kleine Ursula vermeiden, daß ihre Freundin dauernd gefangen wurde. Sie faßte sie bei der Hand und zog sie mit.

Das ist die Geschichte, die hier geschildert ist.

Ursula malt noch Kopffüßler. Für sie ist in dem großen Kreis der ganze Mensch enthalten. Da stehen nur noch die Arme und Beine weg. Das Zeichen für Mensch ist also noch nicht sehr differenziert, aber wie schön kann Ursula ihre Beziehung zu ihrer Freundin darstellen. Sie selbst steht aufrecht und faßt ihre Freundin bei der Hand, die kleiner, unbeholfener ist.

Ganz erstaunlich ist die sichere Pinselführung, besonders im Gesicht.

Ich erkläre einem Freund das Feuerwehrauto
42 × 29,6 cm, Wachsmalstifte
5 Jahre

Das Spielzeugfeuerwehrauto ist natürlich etwas ganz Besonderes. Es ist grün, hat eine rote Warnblinkanlage und vor allem eine ausklappbare Leiter. Das will erklärt sein: Mit großer Geste und strahlender Miene erklärt der Junge das seinem staunenden Freund. Dieser ist ganz in Rot gezeichnet mit Fingern, die wie Blütenblätter um den Ärmel herumstehen.

Bei beiden Figuren sehen wir, wie aus einem einfachen Männchenschema ohne geschlechtsspezifische Merkmale hier durch die langen Hosenbeine eindeutig Jungen wurden.

Ich helfe Kindern auf der Rutschbahn
42 × 29,6 cm, Wachsmalstifte
5 Jahre

Das Zeichensystem für den Menschen dieses Kindes ist noch sehr einfach. Es sind im Grunde Kopffüßler. Bei den meisten Figuren ist dann der Raum zwischen den Beinen farbig ausgefüllt, was zeigt, daß ein neues Gefühl für den Körper vorhanden ist. Arme und Hände sind noch ein einfaches Kreuz.

Aber – was für eine bewegte Geschichte kann das fünfjährige Kind damit zeichnen.

Gleich zwei Rutschbahnen gibt es auf dem Spielplatz. Die eine steht auf einem braunen Hügel. Über die Leiter steigt man hinauf. Oben rutschen schon zwei Kinder. Drei weitere hüpfen darunter herum. Rechts steht noch eine Rutsche. Die kaum sichtbare gelbe Leiter steigt ein ganz kleines Kind hinauf. Zwei Kinder rutschen auch hier hintereinander herunter.

Links *und* rechts bescheint die Sonne die Szenerie. Dazwischen hängen drei dicke Wolken.

Wie ein Fels steht gelassen links das Kind, sehr groß und paßt auf, daß nichts passiert.

Ich helfe an der Rutschbahn
42 × 29,6 cm, Wachsmalstifte
6 Jahre

Dieses sechsjährige Mädchen hat die Rutschbahn genauestens studiert. Man muß zuerst senkrecht die Leiter hinaufsteigen. Oben ist dann eine Art Geländer oder ein gebogener Griff, damit man sich sicher hinsetzen oder legen kann. Dann geht es dahin wie der Wirbelwind.

Das Mädchen wartet mit ausgestreckten Armen, um die Kinder aufzufangen, falls es nötig wird.

Wir helfen uns gegenseitig nach der Turnstunde beim Anziehen
29,6 × 21 cm, Buntstifte
5 Jahre

Die Turnstunde ist vorbei: Es war sehr lustig. Nun stehen die Kinder in der Garderobe. Im Regal sehen wir Blumenvasen. Noch etwas außer Atem warten sie darauf, wie das jetzt mit dem Anziehen weitergehen soll. Gleich werden sie sich gegenseitig helfen!

Eines der acht Kinder trägt eine Brille. Wichtig sind die Turnschuhe und die Strümpfe oder Socken, jedenfalls bei den oberen Kindern. Die unteren drei müssen noch angezogen werden!

Frank und Sascha helfen Sabine beim Schwimmen
44,7 × 35,5 cm, Filzstifte
5 und 6 Jahre

Sabine und Ricarda haben das Blatt zusammen gezeichnet. Sabine kann nicht schwimmen. Ihre Freunde kommen zu Hilfe, der eine, der »Schwimmflügel« hat, schwimmt zu ihr, der andere bringt den Schwimmreifen. Jetzt kann nichts mehr passieren.

Der kleine Teich liegt inmitten von Blumen. Das fast ein wenig stereotype Blumenschema wird aber doch ein bißchen variiert. Neben dem Teich steht ein Zelt. Wir können hineinsehen.

Vermutlich hat Ricarda, die Ältere, die 3 Kinder gezeichnet. Der Junge mit dem Schwimmreifen ist in komplizierter Seitensicht dargestellt. Auch der Teich ist wohl von ihr. Den Rest hat Sabine beigesteuert.

Florian räumt die Spielsachen auf
20,5 × 15 cm, Filzstifte
5 Jahre

Florian möchte heute den Erzieherinnen eine Freude machen. Er räumt alle Spielsachen ordentlich auf. Er hat sich viel vorgenommen. Die Sachen liegen verstreut im Zimmer und die Regale sind auch nicht gerade übersichtlich geordnet. Florian steht dazwischen mit langen Armen und Beinen. Hände und Füße sind Kreise, von denen Finger und Zehen abgehen. Im Hintergrund steht die Tafel. Es beeindruckt, wie genau der Fünfjährige die Aufgabe be-zeichnen kann und wie graphisch reizvoll er das auf diesem Blatt gestaltet.

Große Kinder machen mit kleinen einen Spaziergang
60 × 43,5 cm, Wachsmalstifte
6 Jahre

Das sechsjährige Kind schildert hier, wie zwei »große« Kinder mit den Kleinen einen Ausflug machen. Das Blatt schildert zwei Szenen. Im Vordergrund steht ein Mädchen vom Stuhl auf. Es hat – wie alle Kinder – sehr große, sternförmige Hände. Es reicht dem Jungen rechts ein kleines Fahrzeug. Das soll wohl mitgenommen werden. Der Junge trägt einen schönen, farbigen Pullover. Er hat ganz delikate, grüne Finger. Im Hintergrund warten zehn Kinder neugierig darauf, bis es endlich losgeht. Alle sind gut gelaunt. Sie haben sich an den Händen gefaßt. Man kann sich vorstellen, daß sie gleich wie der Wirbelwind starten werden. Je weiter der kleine Maler nach rechts kam, desto mehr unterscheidet er die Kinder nach dem Geschlecht. Das drittletzte Kind trägt deutlich Hosen, die nächsten beiden haben Röcke an.

Das Kind hat mit sehr viel Gespür die Farben ausgewählt. Das Ganze klingt richtiggehend, unterstützt durch den durchgehenden, in sich differenzierten Hintergrund.

Wir sparen und schicken das Geld hungernden Menschen
38 × 28 cm, Filzstifte
5,6 Jahre

Die Kinder hatten sich lange mit Problemen der Dritten Welt beschäftigt. Sie fanden als einzige Lösung, diesen armen Menschen zu helfen, Geld zu sammeln. Es setzte eine lange Überlegung ein, wie und wo die Kinder sparen könnten. Sie fanden viele Möglichkeiten. Im Kindergarten haben sie dann eine Sparkasse aufgestellt. Hier kommen drei Kinder und werfen jedes eine Mark ein. Sie wirken dabei sehr feierlich und ernst.

Susi paßt auf Carmen auf, daß sie in den richtigen Bus steigt
29,5 × 21 cm, Wachsmalstifte
6 Jahre

Wenn der Kindergarten aus ist, gehen die Kinder nach Hause. Manche müssen mit dem Bus fahren. Das ist für die kleinen Kinder gar nicht so einfach. Die kleine Carmen ist fein heraus. Susi hilft ihr. Sie kann sich darauf verlassen.

Die beiden Mädchen stehen rechts. Susi strahlt uns an. Sie hat Carmen an der Hand gefaßt, die mit kleinem Gesichtchen dasteht. Der Busfahrer und die Kinder im Bus schauen neugierig auf die beiden.

Susi hat beobachtet, daß die Räder mit vier Schrauben befestigt sind. Sie war wohl schon einmal beim Reifenwechseln dabei.

Albertos erster Kindergartentag **1**
38 × 28,4 cm, Wasserfarben
6 Jahre

Alberto erlebt seinen ersten Tag im Kindergarten. Seine Mutter hat ihn in der Frühe gebracht. Sie lächelt, als sie ihn »abgibt«, er ist ängstlich und traurig. Die anderen Kinder nehmen gar keine Notiz von ihm. Die einen spielen Ball, die anderen machen am Tisch ein Spiel miteinander. Alberto wird bewußt, wie allein er ist. Er beginnt zu weinen. So werden die anderen Kinder auf ihn aufmerksam. Nina geht zu ihm, legt den Arm um seine Schultern und tröstet ihn.

Albertos erster Kindergartentag **2**
38 × 28,4 cm, Wasserfarben
6 Jahre

Björn hilft ihm beim Aufhängen seiner Tasche. So hat er schon zwei Freunde.

Andere Kinder zeigen ihm dann die Spielsachen und bauen mit Klötzen ein Haus.

Albertos erster Kindergartentag **3**

38 × 28,4 cm, Wasserfarben
6 Jahre

Ina und Alexandra frühstücken dann mit ihm. Alberto strahlt schon und hebt begeistert die Arme.

Albertos erster Kindergartentag 4
38 × 28,4 cm, Wasserfarben
6 Jahre

Thomas zeigt ihm schließlich, wo die Toilette ist. Er gibt ihm auch Toilettenpapier.

Albertos erster Kindergartentag **5**
38 × 28,4 cm, Wasserfarben
6 Jahre

Alberto gefällt es im Kindergarten sehr gut. Er hat Freunde gefunden. Die anderen Kinder mögen ihn aber auch sehr gerne.

Ich führe ein kleines Kind die Treppe hinauf
39,8 × 29,6 cm, Wachsmalstifte
5 Jahre

Ganz schnell hat das 5jährige Kind die Geschichte hingezeichnet. Mit einem breiten Fundament ist mitten auf dem Blatt der Boden gekennzeichnet. Davon führt nach rechts die Treppe hinauf mit sehr hohen Stufen. Das Ziel ist die Türe. Das kleine Kind hatte nicht so ganz den Mut hinaufzusteigen. So springt das größere ein und hilft ihm. Das lange Bein auf der unteren Stufe ist jeweils noch farbig betont. So wird das Steigen deutlicher. Das Kind verwendet noch ein allgemeines Schema für den Menschen. Wir wissen nicht, ob es Buben oder Mädchen sind. Trotzdem ist zu sehen, mit welcher Energie die beiden da hinaufsteigen. Fast könnte man meinen, sie hecken etwas aus.

Sonja hilft einem ausländischen Kind
42 × 29,6 cm, Wachsmalstifte
6,4 Jahre

Das Blatt strahlt sehr viel Fröhlichkeit aus. Sonja tanzt auf einem breiten Rasenstreifen. Sie hat ein lustiges Kleid an mit verschiedenfarbigen Karos. Der eine Arm ist erhoben. Die Hand ist ein roter Kreis, – oder ist es ein Handschuh? Das ist, trotz des ausgeprägten Sonnenscheins von links, zu vermuten, da beide Kinder eingemummte Köpfe haben. Sonja lacht. Ihre Nasenlöcher sind ihr wichtig. Sie zeichnet sie neben die Nase – weil sie eben von Bedeutung sind. Das ausländische Kind sitzt mit ausgestreckten Beinen und Armen am Wiesenrand. Es hat auch ein kariertes Kleidchen an. Sonja streckt ihm die rechte Hand hin und will es zum Tanz locken. Es ist noch zurückhaltend. Der Mund (war zuerst traurig und wurde dann ausgebessert) lächelt schon etwas.

Vor so einem lebendigen Hintergrund muß ja bald eine Freundschaft entstehen.

Sonja ist schon 6,4 Jahre alt. Sie geht mit der Bildfläche sehr frei um. Die Wiese bildet schon eine Art Horizont. Zwischen ihm und dem blauen Himmelsstreifen schieben sich die Sonne und braune, orange und blaue Farbtöne, die die Stimmung untermalen.

Lutz führt seine kleine Schwester spazieren
42,2 × 29,8 cm, Wachsmalstifte
5 Jahre

Es ist ein prächtiger Tag. Die Wolken segeln geradeso daher. Es ist nicht besonders warm. Im Haus rechts ist geheizt. Die Vorderwand mit der Türe ist rot, der Giebel grün, die Seitenwand ist gelb mit roten Fensterrahmen und grünen Vorhängen. Das so deutlich ausgebaute Dachgeschoß läßt vermuten, daß Lutz hier wohnt. Er hat sich selbst ganz einfach gezeichnet, allerdings mit sichtbar längeren Haaren als sein Schwesterchen sie hat. Stolz ist er auf seinen roten Schal. Die beiden Geschwister lachen sich zu.

Da die Kinder beim Zeichnen die Größenverhältnisse nach der Bedeutung wählen, ist das Haus »nur« so groß wie Lutz.

Ich spiele mit meinem Geschwisterchen

29,6 × 40,5 cm, Deckfarben
3 Jahre

Steffen weiß, welche Verantwortung er übernommen hat. Er muß und will aufpassen, daß dem Geschwisterchen nichts passiert. Einen ganz langen Hals hat er, so sieht er alles. Das Geschwisterchen soll sich aber auch bei ihm wohlfühlen. Sein Körper ist wie ein Bett, wie eine Höhle. Er hält es fest in seinen Armen. Das ist für ihn sehr wichtig, sonst hätte er nicht – was in diesem Alter ganz ungewöhnlich ist – seine Arme *vor* dem Leib und über dem Geschwisterchen gezeichnet. Kein Wunder, daß beide lachen.

Steffen hat nur Orange, Rot und Braun verwendet, also Farben einer Farbfamilie. Nur die Augen sind blau.

Ich spiele mit meinem kleinen Geschwisterchen
29,6 × 42 cm, Wachsmalstifte
5,4 Jahre

Größen sind relativ. Das Kind, das dieses Bild gezeichnet hat, fühlt sich klein im Verhältnis zu dem Stuhl, auf dem es sitzt. Ganz rund kuschelt es sich auf die Sitzfläche und die Füße hängen gar nicht weit herunter. Im Verhältnis zu dem kleinen Geschwisterchen ist es aber schon sooo groß. Da hat man eben Verantwortung, die »man« gerne übernimmt. Schließlich ist es ja noch sooo klein. Beide lachen und sind froh.

Ich fahre meinen kleinen Bruder spazieren
52,5 × 43 cm, Deckfarben
5,8 Jahre

Thomas hat mit einfachen Zeichen anschaulich gemacht, wie er seinen Bruder spazieren fährt. Auf brauner Standlinie und mit breitem, freudigem, orangen Rahmen am linken und am oberen Rand spielt sich die Szene ab. Eine dicke gelbe Sonne links oben beleuchtet sie. Thomas steht lang und schmal auf der rechten Seite. Wie bei einem hohen Regal hat er Unterteilungen für den Hals und den Körper eingefügt. Sein Gewand ist blau. Auf dem Kopf sitzt ein hoher, runder Hut. Das Gesicht hat er vorsichtig mit dem trockenen Pinsel eingemalt, alles sehr einfach? Auch die Ohren sind nur zwei waagrechte, orange Striche. Der Fußrichtung nach zieht Thomas den Kinderwagen. Sein Arm ist geknickt. Der Kinderwagen ist eine Linie, auf der sein Geschwisterchen liegt, über die eine halbkreisförmige Linie gebogen ist. Sie deckt den Wagen ab, der auf zwei großen Rädern mit Kreuzspeichen fährt. Der Griff ist noch eigens weggebogen.

Thomas verwendet fast lapidare Formen, um seine Tätigkeit und die Geborgenheit seines Geschwisterchens auszudrücken.

Ich betreue meine Geschwister
40,5 × 30,5 cm, Filzstifte
6,6 Jahre

Wir blicken in ein aufgeräumtes, lebendiges Kinderzimmer. Das Mädchen rechts als die ältere Tochter hat die Verantwortung übernommen. Sie hat sich gerade davon überzeugt, daß alles in Ordnung ist. Sie verläßt – nicht ganz ohne Stolz auf ihr schönes Kleid – den Raum und winkt den beiden Geschwistern noch einmal zu. Der eine Bruder liegt im Bett unter einem Bettenberg, der mit Blumen verziert ist. Links davon stehen Tisch und Stuhl. Ein Ball, ein Spielzeugtier und ein kleines Fahrzeug sind auf dem Boden verteilt. Auf dem Tisch stehen ein Krug, eine Flasche und eine Blumenvase. Alles sehr ordentlich! Darüber sind zwei Puppenbetten übereinander angeordnet. Der zweite Bruder sitzt mit seinem Kasperl inmitten des kreisförmig angeordneten Eisenbahngleises. An dem übersichtlich sortierten Regal daneben könnte man sich ein Beispiel nehmen. Eisenbahn mit Insassen, eine Puppe, Fahrzeuge, Tassen, Bälle, Taschen u. a. m. werden hier aufbewahrt. Daneben ist dann das Fenster in der rechten oberen Ecke. Das Kind hat mit einer Standlinie begonnen und dann alles, was hinter dem Tisch und Bett war, darüber in die Fläche gezeichnet.

Ich helfe beim Bohnenpflücken
40,5 × 30,5 cm, Wachsmalstifte
4 Jahre

Mirco hat schwer gearbeitet. Es war mühsam, die vielen Bohnen zu pflücken. Mit Mama, Papa und Opa war er bei der Arbeit. Die Bohnen sind ihm fast über den Kopf gewachsen. Mit großer Ausdauer hat er sie gezeichnet und wie bei einem Streubild auf das ganze Blatt verteilt. Das war anstrengend und erforderte viel Konzentration. Wenn wir die einzelnen Bohnen in der Linienführung verfolgen, sehen wir, daß es auch nicht immer gleich gut gelingt, den Ausgangspunkt wieder zu treffen. Rechts außen und oben war's ihm dann auch schon fast zuviel. Die Menschen sind auch ein wenig Bohnenmännchen geworden. Alles ist rund. Opa und Papa haben auch noch einen Nabel.

Dieses Blatt erfordert von Mirco eine große Anstrengung, die ihm nur gelang, weil das Erlebnis, bei der Ernte helfen zu können, sehr intensiv war.

Stephanie hilft ihrem Vater im Garten beim Blumenpflanzen
42 × 29,6 cm, Deckfarben
4 Jahre

Stephanie hat ihr Erlebnis verkürzt. Wichtig sind für sie die Blumen – und natürlich sie selbst. Sie hat sich auch eine schöne Blüte, rot und orange, ausgedacht. Ihre eigenen Haare hat sie auch ein wenig wie Blumenblätter angeordnet.

Für Vierjährige ist das Malen mit Pinsel und Wasserfarben technisch oft sehr schwierig. Die richtige Wassermenge will verwendet sein. Der Pinsel ist oft »widerborstig«.

Die Stephanie geht hier an manchen Stellen mit erstaunlicher Sensibilität mit dem Pinsel um. Das Gesicht ist souverän hingesetzt, bei der einen Hand hat sie ganz grazile Finger gemalt. Wie schwierig die Bewegungskoordinierung noch sein kann, sehen wir am Kreis in der Blume. Mit zwei Anläufen hat sie es geschafft.

Ich helfe meinem Vater beim Rasenmähen
40,5 × 30,5 cm, Wachsmalstifte
5 Jahre

Aufregend war die Geschichte schon, das sieht man dem Blatt deutlich an. An einem schönen Sommertag, mit blauem Himmel und einer strahlenden Sonne, darf das Mädchen mit dem kurzen blauen Rock dem Vater beim Rasenmähen helfen. Stolz blickt es zum Vater während es den Rasenmäher schiebt. Das ist eine beeindruckende Maschine mit Hebeln, Knöpfen und Griffen. Ganz geheuer ist einem da nicht. Der Vater recht das »Ergebnis« zusammen. Hinter seinem Kopf war zuerst die Sonne. Sie wurde dann überzeichnet.

Das Kind verwendet für das Menschenbild noch erstaunlich einfache, aber konsequente Zeichen. Um so unerwarteter ist das differenzierte Bild des Rasenmähers. *Der* muß es schon ganz besonders beeindruckt haben. Vielleicht, weil er so einen Lärm macht?

Michael hilft beim Obsternten
40 × 29,8 cm, Wachsmalstifte auf grünem Grund, 5 Jahre

Michael hat oft erzählt, wie er beim Rüben- und beim Obsternten mitgeholfen hat. Daß das viel Mut erfordert, hat er hier gezeichnet. An einen riesigen Stamm sind zwei unheimlich lange Leitern gelehnt. Links klettern zwei Kinder hinauf. Der Baum hängt über und über voll Obst. Vieles fällt schon von selbst herab. Neun Körbe stehen bereit, um den Segen aufzunehmen. Links außen steht der Rest der Familie. So hoch ist der Baum, daß schon die Wolken hindurchziehen. Die Sonne ist links oben ein Dreieck. Das Sonnengesicht selbst blickt nach oben.

Robert hilft auf dem Bauernhof beim Heuaufladen
42 × 29,6 cm, Buntstifte
6 Jahre

Ein temperamentvolles Blatt! Robert und sein Freund sind kräftige Burschen. Wo die hingreifen, da rührt sich was. Das Heu fliegt nur so links und rechts. Der Wagen ist ein wenig kompliziert. Wir sehen ihn von der Seite. Zwei Räder sind unten, zwei weitere vorne, die Gangschaltung und das Steuerrad stehen nach oben. Der Halbkreis ist der Behälter, in den das Heu hinein muß.

Ich half meinen Eltern Bäume einpflanzen
40,5 × 30,5 cm, Deckfarben, 5 Jahre

Das muß aufregend gewesen sein, bei blauem Himmel und Sonnenschein einen Baum zu pflanzen. Ein Vogel (muß es wohl sein) kommt im Sturzflug und bestens aufgelegt von oben angeflogen. Zwei Bäume stehen in voller Pracht da. Der eine blüht noch, der andere trägt schon Äpfel. Zeit und Zeitabläufe sind für kleine Kinder manchmal schwierig. So ist diese Verschiebung der Jahreszeit möglich, weil beide Zustände der Bäume zum Erlebnisbereich der Kinder gehören. Es sind schon einige Äpfel heruntergefallen. Irgend jemand hat auch schon welche im Korb gesammelt. Wir sehen von oben in den Korb, an dem ein großer Henkel befestigt ist. Das Mädchen selbst hat ein rotes Kleid mit blauen Tupfen an. Das Gesicht, die Ohren und die Haarschleifen sind rot. Damit das Haar besonders schön leuchtet, wählt die kleine Anne nicht die natürliche Farbe, sondern diejenige, die im Gegensatz zum Rot den größtmöglichen Leuchtkontrast hat: Die Komplementärfarbe Grün. Neben dem Mädchen steckt die Schaufel in dem Erdhaufen. Vorher wurde eine Grube ausgehoben, in die fachgerecht der Baum gesteckt wurde. Das Kind hat genauestens beobachtet, wie man das macht.

Das Kind hilft seiner Mutter im Kuhstall, weil sie immer so viel arbeiten muß
40 × 30,5 cm, Blei- und Buntstifte
6 Jahre

Das Kind, von dem das Bild stammt, kommt aus einer kinderreichen Familie. Die Mutter hat einen relativ großen Bauernhof meist alleine zu versorgen, da der Vater Arbeiter ist und oft nicht zu Hause sein kann.

Das Kind kennt den Stall ganz genau. Er ist aber so kompliziert darzustellen, daß es beim Zeichnen das Blatt immer wieder dreht. So scheinen für uns Dinge auf dem Kopf zu stehen. Wenn wir das Blatt auch drehen, können wir sehen, daß alles stimmt. Es hat mit Bleistift gezeichnet und nur an einigen Stellen mit Farbstiften nachgeholfen. Links geht es selbst mit riesigen Stallschuhen und farbigen Kleidern auf die Abteilung mit den Kälbern zu. Es gibt zwei Futterstraßen. Die Kühe stehen mit dem Hinterteil zueinander, was das Kind oben mit einer originellen Lösung zeichnet.

Das Heu kommt durch eine Öffnung von der Tenne über dem Stall. Der Bruder und die Mutter sind noch in dem großen Stall tätig. Kein Wunder, daß das Kind bei so viel Arbeit mithelfen will.

Jutta putzt die Treppe
42 × 29,6 cm, Wachsmalstifte
6 Jahre

Jutta hat eine Arbeit übernommen, die niemand gerne macht: Sie putzt die Treppe. Gleich hinter der Haustüre führt sie steil in das obere Stockwerk hinauf. Wir sehen die Jutta, bewaffnet mit dem Putzlumpen, von hinten. Sie ist schon fast zur Hälfte fertig. Die Mama steht fröhlich daneben. Draußen ist es längst Nacht geworden.

In diesem Bild verwendet das Kind ein Stilmittel, das uns Erwachsenen meist versagt ist. Es zeichnet beim Haus Außen- und Innenansicht durcheinander, wie es ihm eben wichtig erscheint. Ebenso frei wählt es die Größenverhältnisse. Die Mama ist wichtig, die Türe in diesem Zusammenhang nicht. Die Treppe ist im Haus, die Fenster mit Blumentöpfen sehen wir von außen.

Das Kind hilft beim Auskehren der Küche
42 × 26,6 cm, Filzstifte
5,11 Jahre

Wie der Zauberlehrling arbeitet das Mädchen mit seinem mächtigen Besen in der gefliesten Küche. Diese Fliesen haben es ihm angetan. Mit großer Ausdauer hat es sie gezeichnet. Für die »Feinarbeit« hat es sich noch einen Handbesen und die Schaufel zurechtgelegt. Es ist auch schon ein ansehnlicher Haufen Schmutz zusammengekommen.

Im Hintergrund sehen wir die Küchenmöbel und den Herd.

Gudrun hilft beim Fensterputzen, damit alle wieder gut in den Garten rausschauen können
42 × 29,6 cm, Buntstifte
6 Jahre

Neben dem mächtigen Kirschbaum links steht die Kinderschaukel, rechts sind andere Spielgeräte aufgestellt. Unter der großen Sonne steht ein Kind auf einem Gestell. Mittendrin sehen wir ein breites Haus mit vier Fenstern und einer schmalen Türe.

Offensichtlich ist Hausputz. Drei Mädchen sind dabei, die Fenster zu putzen, wobei sie ihre Bürste an der Stange fast choreographisch gleich halten. Dabei sind sie alle drei gut aufgelegt.

Ich helfe beim Schuheputzen
42 × 30 cm, Wachsmalkreiden
6 Jahre

Das Mädchen hat sich viel vorgenommen. Die Schuhe der ganzen Familie sollen geputzt werden. Es hat selbst schon so große Schuhe mit hohen Absätzen an. Zunächst wird der Schmutz abgebürstet. Die Mama überprüft das Ergebnis.

Die ganze Familie räumt den Frühstückstisch ab
40,5 × 30,5 cm, Filzstifte
3 Jahre

Tania hat die Szene mit sicheren Strichen hinskizziert. Sie zeichnet die Menschen noch als Kopffüßler. Das ist eigentlich eine falsche Bezeichnung. Sie benennt nur die Erscheinungsform. Für Tania ist im Kreis mit dem eingezeichneten Gesicht der ganze Mensch enthalten. Fast elegant steht links der Vater, rechts die Mutter mit Haarpracht und Ohren, vorne steht Tania. Sie ist stolz auf ihre Haare. Die drei bilden eine schöne Familie, die weiß, daß sie zusammengehört. Vorne sehen wir dann noch eine Tasse mit Henkel, einen Löffel und eine Gabel.

An diesem Blatt wird sehr deutlich, daß die Intensität und Wirksamkeit einer Aussage nicht von der Entwicklungsstufe der kindlichen Bildsprache abhängt. Das Kind drückt sein Erlebnis entsprechend seiner Sprachfähigkeit überzeugend aus.

Ich decke den Tisch
31 × 23,5 cm, Wachsmalstifte
4 Jahre

Carola hat sich beim Zeichnen alles sehr genau überlegt und mit Bedacht immer wieder neue Farben auf dem rosa Papier verwendet. Voll Begeisterung steht sie da, mit ausgestreckten Armen. Ihr ist noch nicht im einzelnen bewußt, wie das mit den Fingern und Zehen ist. Sie ahnt nur: Da steht noch etwas weg. So zeichnet sie das auch. Im rechten Winkel kreuzt sie Beine und Arme. Das Wichtigste ist der Kopf. Er ist deshalb auch groß. Augen, Mund, Nase und die Haare wurden sehr bewußt gezeichnet.

Dann kam der Tisch. Da etwas daraufsteht, sehen wir ihn von oben. So ist alles am klarsten. Also, und wie ist das nun mit den Beinen? Die stehen vom Tisch weg. Ordentlich, mit Löffeln und Gabeln, hat Carola für zwei Personen gedeckt.

Melanie trocknet die Tassen ab
42 × 29,6 cm, Wachsmalstifte
4,8 Jahre

Die Kinder hatten mit ihrer Erzieherin im Kindergarten überlegt, wo sie zu Hause mithelfen könnten. Melanie zeichnet hier sehr schwungvoll, wie sie die Tassen abtrocknet. Die trockenen stehen schon auf dem Tischchen rechts. Am Spülbecken mit dem langen gebogenen Wasserhahn warten die feuchten. Der Abfalleimer steht daneben. Hoffentlich gibt es keine Scherben. Melanie steht mit einem schönen Kleid dazwischen und packt das Ganze mit dem roten Trockentuch so richtig arbeitswütig an.

Ich helfe im Haushalt
39,6 × 29,6 cm, Buntstifte, 5 Jahre

Susanne hat ein Brüderchen bekommen. Während die Mutter im Krankenhaus war, hat sie dem Vater im Haushalt geholfen. Nun denkt sie in dieser Zeichnung darüber nach, wie es sein wird, wenn die Mama wieder da ist. Die Mutter darf oben im Bett liegen und sich ausruhen. Wir sehen das Haus als Röntgenbild. Mutter steigt auch noch die Treppe in ihr Schlafzimmer hinauf. Auch das andere Schlafzimmer ist deutlich zu erkennen mit den schönen, getupften Bettbezügen. Susanne deckt den Tisch. Die anderen sitzen schon auf den hohen Stühlen. Die Profildarstellung macht Susanne beim Zeichnen noch Probleme. Von vorne sind die Gesichter am deutlichsten. Und wie ist das denn von der Seite? Da Kinder zeichnen was sie wissen und nicht was sie sehen, wird das schwierig. Wo sitzt der Mund z. B.?? Auf dem Tisch liegen die Teller so, daß wir sie von oben sehen. Die Schüsseln zeigen von der Seite, daß sie gefüllt sind. Für Löffel, Gabel und die »gezähnten« Messer ist kein Platz mehr. So hat Susanne sie darübergezeichnet. Aus dem Blatt spricht, mit welcher Umsicht und mit welchem Verantwortungsgefühl sich Susanne überlegt, wo sie wirklich in der Familie etwas beitragen kann.

Ich trockne Geschirr ab
50,2 × 35 cm, Filzstift auf gelbem Grund
5,7 Jahre

»Ich trockne Geschirr ab, weil Mutti heute sehr viel zu tun hat. Sie räumt es dann in den Geschirrschrank.« Das feuchte Geschirr steht auf dem Tischchen links. Das Mädchen benützt ein schön gestreiftes Trockentuch. Die Tasse balanciert abenteuerlich auf dem Daumen der anderen Hand. Die Mutti läßt inzwischen die Arme sinken und wartet auf neue Arbeit. Im Regal herrscht mustergültige Ordnung. Eine Uhr mit Einstellwekker gibt es auch. Das Kind verwendet für seine Zeichnung einen Formenkanon von fast nur geometrischen Formen: Dreieck, Rechteck, Kreis. Alles ist sehr einfach und klar. Dabei hat es das Bedürfnis, zu schmücken und zu ornamentieren. Die beiden Kleider sind da ein willkommenes Thema. Kinder dieses Alters zeichnen die Dinge nebeneinander, sie ordnen nicht unter. Deshalb wirkt die Tasse so merkwürdig auf uns. Für das Kind bedeutet die Zeichnung: Ich halte die Tasse in der Hand. Merkwürdig ist, wie wenig Bedeutung das Kind der Ausgestaltung der Arme und Beine beimißt. Die Schuhe sind schon bedeutungsvoller, allerdings nur als Feststellung. Im einzelnen sind sie noch nicht erlebt.

Ich helfe beim Abspülen
43 × 30,6 cm, Filzstifte
7 Jahre

Dieses Mädchen hat sicher schon oft beim Abspülen mitgeholfen. Es weiß genau Bescheid. Es steht am Waschbecken und hält gerade einen Teller unter den Wasserhahn. Im Becken liegen schon zwei Teller, die das Kind mit einem Tuch bearbeitet. Die Mama trocknet inzwischen mit einem karierten Tuch einen Teller ab. Weitere vier Teller hat das Mädchen zum Abtropfen aufgestellt. Die »fertigen« Teller werden der Größe nach aufgeschichtet. Schließlich kommen sie in den Hängeschrank. Tassen und Untertassen und 3 Teller sind schon drin. Eine große Lampe hängt über der Spüle.

Ich hänge im Bad Wäsche auf
30,9 × 23,6 cm, Wachsmalstifte
4 Jahre

Daniela muß sich sehr strecken, wenn sie die Wäsche auf die Leinen im Badezimmer aufhängen will. Aber mit voller Konzentration schafft sie es schon. Die Aufhängevorrichtung hat sie sich genau angesehen. Sich selbst zeichnet sie sehr einfach. Zunächst gingen die beiden Beine wie bei einem Kopffüßler bis zum Kopf. Dann zeichnete sie mit zwei waagrechten Linien braun ihr Kleid hinein. Nase und Mund sind blau. Neben ihr steht die Waschmaschine. Sie weiß um die Bedeutung der Knöpfe. Sie sind zum Teil verschiedenfarbig gemalt. Und dann kam etwas Lustiges. Daniela hat das Blatt nach links gedreht und in die Ecke die Badewanne gezeichnet mit viel Schaum auf dem Wasser, in dem der Papa steht. Er ist noch als Kopffüßler gezeichnet, vielleicht, weil er nichts anhat? Auf der Waschmaschine steht eine Uhr mit zwei Zeigern.

Ich helfe der Mutter beim Wäscheaufhängen
42 × 29,6 cm, Wachsmalstifte
5 Jahre

Die Familie wohnt in einem wunderschönen Haus. Jedes der drei Stockwerke hat eine eigene Vorhangfarbe, Gelb, Rot und Grün. Ein mächtiger Kamin steht vom Dach weg. Die Sonne scheint kräftig. Da wird es Zeit, die Wäsche aufzuhängen. Der Junge hilft der hocherfreuten Mama dabei. Er übernimmt sogar eine wesentliche Aufgabe: Er reicht ihr die Wäscheklammern. Dafür hat er einen eigenen Korb. Wie wichtig die sind, kann jeder oben auf der Leine sehen. Die Hände der Mama kommen – riesig – gleich aus dem Körper. Das Tragen wird wohl so deutlicher?

Martin hilft beim Wäscheaufhängen
40 × 29,8 cm, Wachsmalstifte auf orangem Grund, 6 Jahre

Martin hat sein Blatt sehr klar aufgeteilt. Unter dem Himmelsband fliegt in Formation eine Vogelschar über der Wäscheleine. Alle vier lachen. Nur die Sonne schaut ernst. Auf der grünen Bodenlinie sind zwei Pfosten aufgestellt. Auf der Leine hängen schon verschiedenste Wäschestücke. Martin hält mit seiner Mutter zusammen ein Handtuch, das er sicher eben aus dem Korb geholt hat. Rechts steht noch ein recht symmetrisch aufgebauter Baum. Das Figurenschema ist einfach, sagt aber in diesem Zusammenhang alles deutlich aus.

Andreas hilft der Mutter beim Wäsche-aufhängen
39,8 × 29,6 cm, Wachsmalstifte
6 Jahre

Die Mutter muß so hart arbeiten, da hilft ihr Andreas dabei. Sie müssen die Kellertreppe hinuntersteigen. Da stehen die Waschmaschine und ein Korb(?). Die Mama wuchtet einen großen Korb mit zwei Henkeln die Treppe hinauf. Die beiden Wäscheleinen sind voll gehängt mit lustigen Kleidungsstücken. Andreas, mit ausgeprägter Frisur und dickem Bauch, reicht der Mutter eine Hose.

Das Blatt ist temperamentvoll hingezeichnet. Es schildert dabei die Szene sehr lebendig.

Alexander hilft beim Tapezieren
42 × 29,6 cm, Fingerfarben
4 Jahre

Alexander durfte seinem Vater beim Tapezieren helfen. Hier stellt er nicht dar, wie er geholfen hat, sondern wie durch seine Mithilfe alles schön neu wurde. Er bemalte zuerst das ganze Blatt mit den roten, orangen und ockergelben Farben: Das war die alte Tapete. Dann ging er von links aus mit grün darüber: Die neue Tapete.

Dem Blatt sieht man das vehemente und intensive Farberlebnis an. Alexander malte mit Fingerfarben.

Ich helfe der Mama, weil ein Geschwisterchen kommt
42 × 29,6 cm, Buntstifte
6 Jahre

Rüdiger wird bald ein Geschwisterchen bekommen. Jetzt ist es noch im Bauch der Mama. Vor kurzem hat sie sich schon hingesetzt und »aha« gesagt . . . Jetzt hilft ihr Rüdiger aber mächtig. Zum Beispiel beim Einkaufen (2). Die Kinder tragen alles, damit die Mama nichts schleppen muß. Oder er holt Sprudel aus dem Keller (3). Damit sich die Mama freut, hat er sogar sein Kinderzimmer so richtig aufgeräumt (4). Das ist ihm sicher nicht leicht gefallen. Wie froh die Mutter ist, sieht man an ihrem Gesicht. Sogar beim Kochen (5) durfte er jetzt einmal helfen. Jeder kann auf dem Blatt sehen, daß Rüdiger die ganze Stütze der Mama ist.

Daniela hilft beim Breikochen in der Küche
42 × 29,6 cm, Buntstifte
6 Jahre

Daniela schildert sehr anschaulich das eigene Wohnhaus und die Umgebung. Eine Wippe, eine Schaukel und eine Rutsche haben die Kinder zum Spielen. Es gibt einen interessanten Baum. Bei strahlender Sonne fliegen ein Schmetterling und zwei Vögel durch den Himmelsraum. Der eine hat – das ist üblich – ein menschliches Gesicht, der andere reißt seinen Schnabel auf. Wir wissen, daß Daniela beim Breikochen in der Küche hilft, weil die Mama auf das Baby aufpassen muß. Es fällt schwer, diese Geschichte aus der Zeichnung herauszulesen. Das Außenherum ist beim Zeichnen zu bedeutend geworden.

Monika hilft dem Papa beim Dachdecken
40 × 29,8 cm, Wachsmalstifte auf blauem Grund, 6 Jahre

Monikas Eltern bauen ein Haus. Sie machen sehr viel selbst. Das ist natürlich spannend. Da kann Monika oft mithelfen. Hier steht sie sehr stolz auf dem Dach und hält einen Dachziegel in die Höhe, während ihr Vater mit einem Schubkarren neues Material auf dem steilen Brett nach oben fährt. Die Sonne und ein vergnügter Vogel sind Zeugen dieser Arbeitsteilung.

Vor lauter Arbeit hat niemand Zeit, die Kirschen zu ernten.

Ich gehe für meine Mama einkaufen
42 × 29,6 cm, Wachsmalstifte
6 Jahre

Wie eine Landkarte hat dieses Mädchen ihr Wohnquartier gezeichnet. Wir können uns das Viertel ganz gut vorstellen. Rechts oben wohnt das Mädchen. Es ist ein Haus mit Anbau und – so würde ich es deuten – Parkflächen ums Haus (das Kind hat die Asphaltflächen blau gezeichnet). Ein kleiner Weg führt von der Gartentüre zum Haus. Von dort verläuft die Straße zum Kaufmann. Kurz vorher führt noch eine Straße zu einem anderen Haus. Um alles deutlich zu machen, hat das Kind alle Flächen auf die Bildebene geklappt: es zeichnet die Häuser von vorne, die Straße, Wiese usw. von oben. Dabei hat es eine klare Vorstellung von den räumlichen Bezügen.

Daß dem Mädchen der Einkaufsgang Spaß macht, sehen wir an der Sonne und vor allem an den vielen Vögeln, die von rechts nach links fliegen.

Ich füttere die Vögel im Winter
42 × 29,6 cm, Graphitstift
3,11 Jahre

Mit einem Graphitstift hat das knapp 4jährige Kind seine Geschichte temperamentvoll hingezeichnet. Es steht links. Man weiß nicht, ob es ein Mädchen oder ein Junge ist. Nur die überlangen Haare lassen auf Mädchen schließen. Die Arme sind hocherhoben. Es hat wohl eben die Futterkörner ausgestreut. Ein kleines Vögelchen hüpft auf sie zu. Es ist erstaunlich genau beobachtet. Der Kopf mit Feder und Schnabel sitzt auf einem kleinen Körper mit aufgerichtetem Schwanz, den »richtige« Vogelfüße tragen.

Das Kind hat vermutlich zu Hause oder im Kindergarten mit Erwachsenen zusammen Vögel sehr genau beobachtet und kann sie nun in seiner Bildsprache selbstverständlich schildern.

Der zweite Vogel hat noch Flügel, ist aber nicht mehr ganz so konzentriert gezeichnet. Er sitzt auf einer kleinen Stange am Vogelhaus, das selbst wie ein Vogel wirkt. Im Inneren sind eine Schale und Futter. Ringsherum sind Körner verstreut.

Ich helfe den Vögeln im Winter
40,5 × 30,5 cm, Deckfarben
4 Jahre

Dem Blatt sieht man den tiefen Winter an. Überall schneit es. Vor dem dunkelblauen Himmelsstreifen sieht man die Flocken besonders deutlich. Auch die Sonne rechts ist fast nur noch ein Stern. Im Vordergrund ist von dem Vierjährigen mit erstaunlicher Sicherheit ein großes Vogelhäuschen gemalt worden. Das Dach ist verschneit. Innen sitzt ein gut genährter Vogel mit blauem Auge und piepst laut, obwohl er vor sich noch viele Körner liegen hat und nur zu picken bräuchte. Vielleicht freut er sich über das Kind, das von links kommt und neues Futter bringt. Es hat auch blaue Augen und lacht über das ganze Gesicht. Es ist blond, trägt ein oranges Kleid und schwarze Stiefel.

Das Blatt strahlt sehr viel Stimmung aus. Das Kind hat die Szene sicher oft erlebt.

Alexander paßt auf den Igel auf, damit er nicht überfahren wird

29,6 × 42 cm, Wachsmalstifte
4 Jahre

Alexander weiß, wie gefährdet Igel sind. Vielleicht hat er schon einen überfahrenen gesehen. Igel mag er gerne. Sie sind wichtig für ihn. Deshalb zeichnet der Vierjährige seinen Igel riesig im Vordergrund. Mit offenen Augen liegt er auf dem Boden. Er beugt sich über ihn, die blauen Arme wie einen Schutzmantel über ihn gebreitet. Sein schräg gehaltener Kopf scheint ihm Mut machen zu wollen. Hinter dem vierjährigen Alexander steht noch eine aufgerichtete Figur mit ausgebreiteten Armen. Sie hält das Auto auf, dessen Größe besagt, daß es vor diesem Schutzwall keine Gefahr mehr darstellt.

Die Zeichnung ist schon deshalb so beeindruckend, weil Alexander eine detaillierte Geschichte von Hilfe, Schutz und Gefährdung schildert, obwohl er in seiner Zeichnung noch den Kopffüßler verwendet. Das heißt, ihm sind körperliche Zusammenhänge noch kaum bewußt, sehr wohl aber soziale.

Kinder füttern Vögel
29,6 × 42 cm, Wachsmalstifte
5,10 Jahre

Kirsten hat dieses wunderschöne Blatt gemalt. Es schildert, wie sie und ihre Freundin Vögel füttern. Voll Schwung verteilen sie die Körner um sich herum. Wie wichtig die Vögel sind, sieht man an ihrer Größe. Kirsten verwendet viel Aufmerksamkeit auf die Farbgebung. Nichts wiederholt sich, ständig fallen ihr neue Kombinationen ein. Sie zeichnet auch Konturen einfach wieder in neuer Farbe nach, um die Farbe noch schöner zur Geltung zu bringen. Wenn wir nur die Ornamentik der drei Vögel vergleichen. Dabei fällt auf, daß für Kirsten Kreise für die Gestaltung sehr wichtig sind. Fast alles auf dem Blatt ist rund. Die Ausnahmen sind selten. Interessant ist auch der farbige Hintergrund.

In dem Blatt wird sichtbar, mit welcher Freude diese Kinder Vögel füttern. Die Vögel – sonst schutzbedürftig – werden hier zu gleichwertigen Freunden, denen geholfen wird, mit denen die Kinder aber auch ihren Spaß haben.

Beim Kastaniensammeln für die Rehe im Winter
38,8 × 29,6 cm, Deckfarben auf gelbem Plakatkarton, 6,6 Jahre

Bianca und ihr Bruder sammeln Kastanien. Der Bruder läuft gerade herbei. Er trägt eine Tasche. Bianca beugt sich schon über den Boden. Da liegen so viele Kastanien, braun mit den weißen Flecken. Manche sind noch halb in der Schale. Auch am Baum hängen noch viele.

Das gibt ein gutes Futter für die Rehe, wenn im Winter alles verschneit ist und sie nichts mehr zum Fressen finden können.

Die Fütterung der Vögel im Winter
38,9 × 29,6 cm, Deckfarben auf schwarzem Plakatkarton, 6 Jahre

Rizza hatte sehr viel Spaß bei diesem Bild. Ganz dick hat sie die Farben genommen, damit sie richtig deckten und auf dem schwarzen Grund so recht zum Leuchten kamen. Sie steht erstaunlich elegant auf dem Schnee in ihren Stiefeln. In der einen Hand hält sie das Säckchen mit den Körnern. Die Konstruktion des Vogelhäuschens ist ganz klar, wir können hineinschauen. Es liegen schon Körner da. Ein Meisenknödel hängt auch herunter. Zwei Vögel fliegen schon an, ein blauer von oben und ein dicker gelber von links. Auf dem First sitzt eine Amsel mit rotem Schnabel. Es ist sehr kalt und schneit. Rizza ist froh um ihre Zipfelmütze.

Ich helfe beim Hühnerfüttern
42 × 29,6 cm, Wachsmalstifte
6 Jahre

Hühnerfüttern macht Spaß – das sieht man am Gesicht des kleinen Mädchens. Es strahlt wie die Sonne über ihm. Mit ausgebreiteten Armen streut es das Futter. Wie eine orange Wolke staubt es auseinander. Auf dem grauen Futterplatz liegen schon rote Körner. Zwei Küken picken, während der gelbe Prachthahn den Rücken zukehrt. Er schaut zum Hühnerstall, der an das lustige Haus angebaut ist. In zwei Fenstern stehen Blumenvasen. Aus einem blickt noch ein kleines Mädchen. Links vom Haus steht noch ein prächtiger, hier aber eingezwängter Baum.

Merkwürdig, wie auf der Vorderseite des Hauses ein Giebel und das Dach mit Ziegeln in Seitenansicht stehen. Jedenfalls finden wir auf dem First neben dem Kamin ein Vogelnest mit zwei Eiern und einem Wurm. Die übereifrigen Vogeleltern konnten das Schlüpfen der Jungen nicht erwarten und bringen im Eiltempo weitere Würmer an.

Bei soviel Phantasie werden auch die Wolken zu Blumen.

Kinder helfen ein Auto anschieben
42 × 30,6 cm, Farbstifte
6 Jahre

Unter einem breiten, blauen Himmelsband hat sich Miriam etwas sehr Lustiges für dic Kinder ausgedacht. Ein Auto ist mit einer Panne liegengeblieben. Schon kommen vier Mädchen und schieben es weg. Eines versucht es vorne von der Seite. Wir sehen es von hinten. Die anderen drängen sich eng zusammen. Das hinterste Mädchen muß die Arme sehr lang machen. Sorgfältig hat Miriam für alle Gesichter verschiedene Farben ausgewählt. Mit großen Augen schauen die Kinder auf das Auto. Auch die Sonne mit roten und gelben Strahlen beobachtet die Szene sehr genau. Ihre Augenbrauen sind ganz besonders gepflegt. Sie wundert sich vermutlich über die Invasion von sieben Schmetterlingen. Sorgfältig der Größe nach sortiert, die Fühler ausgestreckt, fliegen sie eine Ehrenformation über den hilfsbereiten Mädchen.

Ich helfe einem Kind, das vom Fahrrad gestürzt ist
42 × 29,6 cm, Wachsmalstifte
6 Jahre

Das Bild ist aufgebaut wie eine Bühne. Auf dem blauen Boden stehen rechts und links zwei Bäume. Der linke hat über dem mächtigen Stamm eine flott gezeichnete Krone. Auf die Zweige sind kleine grüne Striche gezeichnet – vermutlich die Blätter. Merkwürdigerweise verwendet das Kind dazu eine Formsprache von früher – ganz im Gegensatz zum rechten Baum. Hier sind die Äste und die Baumkrone ausgeprägt. Vielleicht, weil im Baum ein Vogel sitzt und die Szene betrachtet. Links schickt die Sonne vier Strahlen ins Bild. Der Himmel ist über zwei angedeutete Wolken dramatisch in blauen und roten Strichen hingezeichnet. Eine Tulpe und ein kleiner Baum vervollständigen die Szenerie.

Wir werden Zeugen, nachdem der kleine Unfall schon behoben ist. Offenbar war das kleine Mädchen gestürzt. Das große hat das kleine Kind aufgehoben und wieder auf das viel zu große Rad gesetzt. Beide strahlen und zeigen voller Glück ihre Haarschleifen, die wie Hörner aussehen. Die Technik des Fahrrads läßt sicher noch zu wünschen übrig, wichtig ist aber die Glocke.

Ich helfe einem Kind, das allein dasteht und weint, über die Straße
42 × 29,6 cm, Filzstifte
6 Jahre

Wir blicken auf eine wunderschöne Straßenzeile. Mit großem Einfallsreichtum hat Marco sein Grundschema des Hauses immer wieder variiert: Über einem Rechteck sitzt der dreieckige Giebel; einmal ist er gestuft. Im rechten Winkel (das ist die größtmögliche Richtungsunterscheidung) steht der Kamin ab.

In vielerlei Farben sind die Fassaden gestrichen. Das wäre ein schöner Farbentwurf für eine fröhliche Kleinstadt. Hier stehen die Häuser aber an einer sehr breiten Straße. Eine blaue Nebenstraße führt nach unten. Auf der Straße schleppt ein Auto ein anderes ab. In beide sieht man hinein. Man nennt das Röntgenbild. In beiden Autos sehen wir den Fahrer und je einen Mitfahrer auf ihren Sitzen. Um über diese Straße zu gehen, braucht man Mut. Rechts unten stehen zwei kleine Kinder, die sich nicht trauen. Eines weint wohl. Marco, der schon größer ist, übernimmt die Verantwortung und führt sie mit weit ausgestreckten Armen über die Straße.

Die Feuerwehr hilft bei einer Überschwemmung
57 × 42 cm, Wachsmalstifte und Wasserfarben, 5 und 6 Jahre

Die Feuerwehr hilft bei einer Überschwemmungskatastrophe. Der Fluß ist über die Ufer getreten. Die Kinder sind aufs Hausdach geklettert. Ihre Hilfe besteht in diesem Fall wohl darin, daß sie den Mut nicht verlieren. Sie winken und lachen. Sie wissen ja, daß sie jetzt gleich abgeholt werden. Frank (5), Sascha (6) und Heiko (5) haben das Bild zusammen überlegt und gestaltet.

Das ist ihnen sehr gut gelungen. Diese Gemeinschaftsarbeiten fordern viel gegenseitige Toleranz und Rücksichtnahme, heben aber zugleich den Konkurrenzkampf weitgehend auf, wer der »Bessere« sei.

Ich besuche meine Mutti im Krankenhaus
31 × 23,4 cm, Wachsmalstifte auf rosa Papier, 5 Jahre

Die Szene ist klar. Die arme Mutti liegt unter der großen Lampe auf dem Bett und streckt den Arm aus, als die Stephanie und der Papa auf Besuch kommen. Die Fünfjährige entwickelt ihre Zeichen gerade vom einfachen Männchenschema, geschlechtsneutral, hin auf ein differenzierteres Menschenbild. Die ersten Ansätze für den Übergang sind zu beobachten. Die beiden Hosen sind schon fast »modisch«, der Hals als Übergang vom Körper zum Kopf ist als Form schon mit eingeplant. Das sind Anfänge für die Veränderung. Sonst sehen wir die ursprüngliche Rechtwinkligkeit im ganzen Blatt: Die Figuren sind fast aus einer Kreuzform entwickelt, bzw. zu einem Kreuz zusammengesetzt.

Das Eindrucksvolle ist, daß jedes Kind auf seiner Stufe so eindringlich derartige Szenen schildern kann.

Wir besuchen Marcus im Krankenhaus
42 × 29,8 cm, Wachsmalstifte auf schwarzem Grund, 5 Jahre

Marcus ist schon lange krank. Die Kinder beschlossen ihn zu besuchen. Thorsten hat den Besuch gezeichnet. Marcus liegt im Bett, über ihm ein großer Blumenstock. Thorsten sitzt auf dem Stuhl. Ein Arm hängt herunter, mit der anderen Hand streicht er Marcus über den Kopf. Links unten kommt noch ein Kind mit einer schönen, großen Blume.

Ich führe ein blindes Kind
42 × 29,6 cm, Wachsmalstifte
4 Jahre

Ein blindes Kind braucht auf dieser unebenen Wiese wirklich Führung, noch dazu, wenn es mit so einem Tempo dahingeht. Das blinde Kind läßt sich schon vorziehen, die Füße sind allerdings noch unentschlossen steif.

Die Petra führt es mit erstaunlich einfühlsamen Schwung. Sie beugt sich zu dem blinden Mädchen. Der Kopf mit Haarschleife ist ihm zugeneigt, auch der Oberkörper wirkt noch behutsam. Dafür sind die Beine um so lebendiger. Wir spüren an dem Blatt, wie sich die vierjährige Petra in das Problem eingelebt hat und wie es dem anderen, behinderten Kind helfen möchte. Es möchte es zu der Sonne führen, die ihre Strahlen parallel auf die Kinder zusendet. Der zarte, rote Hintergrund macht das Blatt noch lebendiger.

Peter und der Roller **1**
39,6 × 29,6 cm, Wachsmalstifte
4 Jahre

Das sind Sabine und Klaus. Sabine spielt Ball. Klaus steht neben seinem Roller, der mit Glocke und »Rücktrittbremse« ausgestattet ist.

Die beiden Kinder sind sehr vorsichtig mit orangem Stift gezeichnet, dann aber farbig ausgestaltet worden. Der Rock von Sabine hat farbige Kreise, die Bluse waagrechte Streifen.

Das Kind muß sehr konzentriert zeichnen, da es noch Schwierigkeiten mit der Bewegungskoordinierung hat.

Peter und der Roller **2**
39,6 × 29,6 cm, Wachsmalstifte
4 Jahre

Auf dem Spielplatz treffen sie Peter. Ein Kind benützt gerade die Rutschbahn. Das Rutschen kommt gut heraus. Es wird fast von den riesigen Schuhen hinuntergezogen.

Peter ist prächtig herausgeputzt. Er hat einen Roller, der schon fast wie ein Motorrad wirkt. Aber – er ist einsam. Die Kinder werden Freunde.

Peter und der Roller 3
39,6 × 29,6 cm, Wachsmalstifte
4 Jahre

Da stürzt Peter. Er bricht sich ein Bein. Es kommt der Krankenwagen mit Blaulicht. Betroffen stehen Sabine und Klaus in der Wiese. Im Hintergrund steht der Roller. Ganz breit sehen wir die Trittfläche. Klaus trägt ein Stirnband. Sabine winkt kräftig mit beiden Armen. Sie hat die Zipfelmütze von Peter auf. Beide versprechen, Peter im Krankenhaus zu besuchen.

Peter und der Roller 4
39,6 × 29,6 cm, Wachsmalstifte
4 Jahre

Das tun sie dann auch. Peter liegt im hohen Krankenhausbett. Die »Flasche« hat die Kinder besonders beeindruckt. Sabine hat einen riesigen Blumenstock mitgebracht. Klaus hat noch sein Stirnband auf. Die Sonne scheint zum Fenster herein.

Ein Kind führt das andere über die Straße
39,8 × 29,6 cm, Wachsmalstifte
4 Jahre

Kurz und bündig. Zwei Kinder stehen am Straßenrand. Es ist wohl eine breite Straße wegen der Mittelmarkierung, die hier sehr sorgfältig gezeichnet wurde. Beide sind fröhlich. Sie haben ganz kleine Beinchen, einen kleinen runden Bauch und einen breiten Hals für den großen Kopf. Jedes Kind hat nur einen Arm. Die beiden Kinder fassen sich an den Händen. Zusammen sind sie stärker. Und die Sonne lacht dazu.

Kleine Kinder zeichnen Arme und Beine anfänglich nur als Striche. Später, wenn ihnen bewußter wird, daß sie Hände und Füße haben, markieren sie oft die Strichenden mit einer »Krakelage«. Sobald ihnen die Hand als Handteller mit Fingern bewußter wird, sieht man das auch an der Zeichnung. Da sie alles, was »wegsteht« im rechten Winkel, eben möglichst deutlich, zeichnen, endet der Strich für den Arm mit einem quergestellten Strich der Hand. An ihm sind – wieder im rechten Winkel – die Finger angewachsen. Für uns Erwachsene wirkt das wie ein Rechen. Von der Bildsprache der Kinder her gesehen ist es aber eine absolut logische Form.

Cornelia öffnet einem behinderten Kind die Tür
58,5 × 43,5 cm, Deckfarben
6 Jahre

Es ist ein einfacher Vorgang ganz klar geschildert. Cornelia – rechts – mit grünem Rock und braungetupfter, gelber Bluse hat die Tür geöffnet. Sie hat die Hand noch auf der Klinke. Die Tür ist ganz zurückgeschlagen, so daß die beiden Angeln sichtbar sind. Nun kann das behinderte Kind, das sich auf zwei Stöcke stützen muß, durch die Tür gehen. Es freut sich darüber.

Ich spiele mit meinen behinderten Freunden
40 × 30,5 cm, Wachsmalstifte
6 Jahre

Der sechsjährige Junge hat die Spielszene auf eine Blumenwiese verlegt. Jede Blume sieht anders aus. Ein laut zwitschernder Vogel fliegt von rechts herbei. Die Sonne scheint links oben. Auch ein molliger Hund ist mit von der Partie. Jörg – im vollen Bewußtsein seiner Kraft – streckt die Arme aus. Er hat dem behinderten Mädchen links im Rollstuhl einen Ball zugeworfen. Bei der Farbwahl für dieses Mädchen hat er sich viel Mühe gegeben. Ein anderes, nicht so konzentriert gezeichnetes Kind, schiebt einen schmächtigen Jungen im Rollstuhl, der gerade einen Ball wirft. Beide sind gut gelaunt. Links »rangeln« zwei Jungen ein wenig, wer den Ball fangen darf.

Eine lebendige Szene, die das Kind offensichtlich kennt. Es hat sie so gezeichnet, daß sich alles wie auf einem Gelände mit Horizont abspielt (der Himmel stößt auf die Wiese). Alles ist sonst hintereinander angeordnet und nicht mehr übereinander.

Ich und mein Freund im Rollstuhl
39,8 × 29,6 cm, Wachsmalstifte
5 Jahre

Eine sehr energische und gestische Zeichnung. Man kann sich das temperamentvolle Kind vorstellen. Mit rotem Stift hat es seinen Körper, die Arme und Beine gezeichnet, ganz klar zusammengesetzt aus Rechtecken – wie beim Schreiner. Nur der rechte Arm ist gebogen. Auf dem roten Hals sitzt – braun gezeichnet – der Kopf mit dramatischer Frisur. Der Mund ist weit geöffnet, die Nase sehen wir von unten. Die Augen sind umrandet (wie auch beim Freund im Rollstuhl), was auf eine Brille schließen läßt. Hier ist das einzige Mal Blau verwendet worden. Der Freund sitzt mit ausgestreckten Armen im Rollstuhl, sehr sicher hingezeichnet. Er hat sogar Wimpern über den Augen und auch sehr lange Haare.

Das Kind hat – ohne lange zu überlegen – souverän die Szene gezeichnet und ist mit den Farben sehr ökonomisch umgegangen.

Ich fahre meinen behinderten Freund spazieren
42 × 29,6 cm, Wachsmalstifte
6 Jahre

Wir haben ein Standlinienbild vor uns. Der Boden ist mit grünen Kreidestrichen gekennzeichnet, der Himmel mit etwas ausgreifenderen blauen. Aus der linken oberen Ecke lacht die Sonne auf die Szene. Der sechsjährige Junge mit langer grüner Hose schiebt seinen Freund, der mit aufgerichtetem Oberkörper im Rollstuhl sitzt. Beide Kinder haben die Arme und Hände so ausgestreckt, als würden sie gleich etwas erwarten.

Ob der junge Maler absichtlich die Bewegung von rechts nach links gewählt hat? Man hat das Gefühl, als wäre es so ein wenig schwieriger.

Ich fahre einen Behinderten über die Straße
40,5 × 30,5 cm, Ölkreiden
6 Jahre

Das sechsjährige Kind hat alles sehr schnell und temperamentvoll gezeichnet und dabei doch einige sehr interessante Detailbeobachtungen wiedergegeben. Die Ampel ist natürlich von Bedeutung mit der richtigen Anordnung der drei Lichter. Vor allem ist aber der Knopf wichtig, mit dem das Grünlicht für die Fußgänger angefordert werden kann. Der Behinderte ist ein Mann mit Hut, der in einer Sprechblase etwas sagt. Leider können wir den Text nicht entziffern. Vielleicht ruft er seinen Hund, der an der Leine zerrt, so sehr, daß dieser die Zunge heraushängt. Interessant ist, wie das Kind an dem Rollstuhl das zweite, überschnittene Rad anbringt. Hier bildet sich ein neuer Raumbezug heraus, wie ihn später Grundschulkinder kennen.

Ich schiebe ein behindertes Kind
42 × 30 cm, Wachsmalstifte
6 Jahre

Dieses Mädchen kennt sich aus. Fest halten seine Finger (sehr elegant als Wellenlinie gezeichnet) den Griff des Rollstuhles. Für das behinderte Kind hat es noch ein gelbes Kissen hineingestopft. Sogar Trittbretter und Gummireifen hat der Rollstuhl. Das behinderte Kind ist entsprechend gut gelaunt und winkt etwas zaghaft zu uns heraus. Die beiden – das spürt man – sind Freundinnen und haben eine schöne, gemeinsame Fahrt vor.

Marco hilft seinem blinden Opa über die Straße, weil er die verkehrte Ampel drückt
58,5 × 43,5 cm, Wachsmalstifte
6,3 Jahre

Marco hat einen blinden Opa. Er trägt einen Hut und eine Binde über den Augen. Marco hat ihn lustig angezogen. Er hat einen Anzug, der aussieht wie eine Fahne, vier große Knöpfe und violette Ärmel. Er steht neben der kleinen Ampel mit ihren drei Lichtern. Sie ist zwar der Anlaß zu der Geschichte, aber wichtig und deshalb groß ist nur der Marco, der dem Opa hilft. Opa hat wieder einmal die Ampel nicht richtig gedrückt. Vielleicht hat er den Knopf »Signal kommt« nicht gefunden. Auch das komische Tier, das aussieht wie eine Maus von oben, kann da nicht helfen. Es spielt auch keine Rolle und ist deshalb so klein – der Blindenhund!

Marco ist wesentlich! Aufmerksam benutzt er seine Augen. Er faßt den Opa bei der Hand und führt ihn über die Straße.

Die gehbehinderte Iris **1**
41,8 × 29,6 cm, Wachsmalstifte
5 Jahre

Michaela hat sich und die Iris gezeichnet. Voll Lebenslust und Spaß reißen sie die Arme hoch. Michaela steht rechts. Sie hat ein grünes Kleid, blaue Arme und Beine und ein blaues Gesicht. Iris hat blaue Arme, ein rotes Kleid und ein blasses Gesicht, aber schöne Haare. Für sie hat Michaela eine eigene Standfläche gezeichnet. Durch die Beine von Iris laufen waagrechte Linien. Iris ist gehbehindert. Sie muß immer Metall- und Lederstützen tragen, weil sich ihre Knochen gebogen haben.

Iris hat viele Freunde. Auf diesem Blatt möchte Michaela Iris den Mund abwischen, da sie sich mit Schokolade beschmiert hat.

Die gehbehinderte Iris **2**
41,8 × 29,6 cm, Wachsmalstifte
5 Jahre

Carsten holt Iris zu Hause ab. Er steht vor ihrer Wohnung und ruft sie, weil er mit ihr spielen möchte.

Die gehbehinderte Iris **3**
41,8 × 29,6 cm, Wachsmalstifte
5 Jahre

Tanja hat gezeichnet, wie sie und ihre Freundin mit Iris Fußball spielen. Plötzlich stürzt Iris. Die beiden helfen ihr wieder auf die Beine.

Die gehbehinderte Iris **4**
41,8 × 29,6 cm, Wachsmalstifte
5 Jahre

Christian zeigt hier, wie Claudia mit Iris in den Garten geht, ihr die Bäume zeigt und mit ihr spricht. Beide sind gut gelaunt. Man sieht, daß sie Freundinnen sind.

Alle vier Blätter strahlen sehr viel Fröhlichkeit aus. Das kommt sicher von der frischen Art, wie die Figuren gezeichnet sind, aber auch von dem bemalten gelben Untergrund, auf dem sich alles abspielt. Christian hatte auf dem letzten Blatt sichtlich Schwierigkeiten, die leuchtende Sonne rechts oben sichtbar zu machen.

Die Kinder singen beim Altentag
40 × 30,4 cm, Wachsmalstifte
6 Jahre

In der Nähe des Kindergartens liegt ein Altenheim. Die Kinder wollten den alten Leuten eine Freude machen. Deshalb studierten sie allerhand ein. Ein Kasperlgedicht, ein Bewegungsspiel und Tänze. Auf diesem Blatt hat ein sechsjähriges Kind gezeichnet, wie zwei Kindergruppen diese Tänze vorführen. Wie ein Karussell wirken sie. Wir spüren das Tempo. Ganz offensichtlich sind auch die alten Menschen begeistert. Alle lachen. Es sind immerhin 52 (!), die an den beiden Tischen sitzen.

Das Kind hat sich für die Menschendarstellung eine selten variierte Formel zurechtgelegt, mit der es dieses temperamentgeladene Blatt wie einen Schnappschuß ausdrücken kann. Durch die abwechslungsreiche Farbgebung wird das Blatt noch lebendiger.

Geselliger Nachmittag mit alten Leuten
39,8 × 29,6 cm, Deckfarben
5,9 Jahre

Bruno hat hier sehr überlegt und gekonnt gemalt, wie die Kinder in einem Altenheim bewirtet werden. Sie hatten den alten Menschen eine Freude gemacht, hatten Gedichte aufgesagt, gesungen und getanzt. Nun geht es ihnen selbst gut. Zwölf Kinder sitzen an dem im rechten Winkel angeordneten Tisch; Blumen sind da, Sets, Tassen und Kekse. Eine Frau, die wir von hinten sehen, trägt gerade eine riesengroße Kanne herbei. Gegengleich zum Tisch ist das Fenster angeordnet. Auf dem Fensterbrett stehen Blumentöpfe. Durch diese klare Komposition und die lebendige Farbigkeit wird das Blatt sehr reizvoll.

Claudia besucht alte Leute im Altenheim und bringt ihnen Blumen mit
61 × 43,5 cm, Wachsmalstifte, 6,3 Jahre

Ein turbulenter Besuch im Altenheim. Claudia hat zunächst das große Blatt mit gelber Deckfarbe bemalt. Darauf zeichnete sie mit Wachsfarben die gesamte Szenerie. Und da ist einiges los! Die beiden alten Leute in ihren Rollstühlen kommen aus dem Staunen nicht heraus. Die linke Figur sieht uns von vorne an, die rechte sehen wir von der Seite, das Profil macht Claudia ein wenig zu schaffen. Rechts unten sehen wir noch einen Tisch. Alles andere haben Claudia und ihre Freundin mitgebracht. Sie selbst haben sich schon ganz besonders herausgeputzt. Sogar mit Hut sind sie gekommen. Auch der kleine Hund (links unten) durfte mit. Dann natürlich – die beiden riesigen Blumensträuße in den Krügen. Sie sind mit besonderer Aufmerksamkeit gezeichnet. Dagegen kann der alte Blumenstock über der Puppenküche nicht an! Ein paar Puppenmöbel und Spielzeug runden den Besuch ab.

Claudia hat in diesem Blatt gezeigt, wie sie alten Leuten eine Freude macht. Sie hat sich viel vorgenommen. Da nicht alles nebeneinander Platz hatte, zeichnete sie alles übereinander. Besonders war sie von den Rollstühlen beeindruckt, aber alle anderen Dinge waren auch wichtig.

Besuch im Altenheim **1**
40 × 29,6 cm, Filzstifte
5 und 6 Jahre

Die Kinder haben für den Besuch im Altenheim sehr lange geprobt. Nun war der spannende Tag gekommen. Sie dürfen mit dem Bus fahren. Es ist ein sehr bequemer Bus mit aufklappbaren Belüftungen in der Decke. Der Fahrer sollte wohl aktiv wirken, deshalb steht er an seinem Steuer. Er muß halten wegen der Ampel. Oben ist auch eine sehr große Ampel. Im Hintergrund stehen zwei interessante Häuser.

Besuch im Altenheim **2**
40 × 29,6 cm, Filzstifte
5 und 6 Jahre

Dann ist es soweit. Sie sind angekommen und gehen in das Altenheim. Die alten Leute sitzen in Rollstühlen oder auf Stühlen an ihren Tischen. Zwei fröhliche Schwestern begrüßen die Kinder. Sie haben schöne Augen.

Besuch im Altenheim **3**
40 × 29,6 cm, Filzstifte
5 und 6 Jahre

Nun beginnen die Vorführungen. Zuerst kommt das Singspiel: »Die vier Jahreszeiten«. Die vier Kinder sind so eindeutig gekleidet, daß jeder sofort sieht, um welche Jahreszeit es sich handelt. Die vielen alten Leute freuen sich sehr.

Besuch im Altenheim **4**
40 × 29,6 cm, Filzstifte
5 und 6 Jahre

Dann kommt der Tanz der Schneeflokken. Die Kinder sind alle voll Schwung dabei. Wir sehen das Tempo auf dem Blatt. Diesmal ist die Erzieherin auch mit von der Partie. Ihre Haare fliegen genauso wie bei den kleinen Kindern.

Besuch im Altenheim **5**
40 × 29,6 cm, Filzstifte
5 und 6 Jahre

Die dritte Nummer ist der Tanz der Marienkäfer. Dazu tragen die Kinder entsprechenden Kopfputz. Sie setzen auch gleich ein Marienkäfergesicht auf. Als Kleid hat jedes zweite Kind das gleiche schwarzgetupfte, rote Röckchen oder einen Hänger.

Besuch im Altenheim **6**
40 × 29,6 cm, Filzstifte
5 und 6 Jahre

Die Heimfahrt hat das jüngste Kind gezeichnet. Alle Kinder winken. Manche sind traurig. Es war ein schöner Tag. Zum Abschluß hatten alle Kinder noch etwas zum Essen und Trinken bekommen.

Fritz Boll: Ich mach dich fröhlich

Notizen zur Tugend des Helfens

Kann man andere Menschen fröhlich und glücklich machen, indem man ihnen hilft? Die Antwort scheint selbstverständlich, und trotzdem macht sie mich verlegen. Beim Nachdenken darüber, was über die Tugend des Helfens zu sagen wäre, begleitet mich eine Wirklichkeit, wie ich sie erlebe. Daran kann ich nicht vorbeischreiben. Was nützt es, von dieser alten menschlichen Tugend zu träumen, wenn die private und die gesellschaftliche Wirklichkeit von ganz anderen Verhaltensweisen bestimmt ist? Wirkmächtig scheint sie nicht zu sein, diese geschätzte Tugend: sie pflegt die Wunden, die in Stellvertreterkriegen zugefügt werden, gegen die Kriege selbst ist sie machtlos; sie kleidet und nährt Menschen in Flüchtlingslagern, gegenüber den Maschinenpistolen der Vertreiber ist sie ohnmächtig; sie artikuliert sich in Solidaritätsfonds für Arbeitslose, und schaut zu, wie die Konkursler ihre Millionen bei ausländischen Banken deponieren; sie sieht ihren Namen mißbraucht durch Milliardenkredite, von den Gewinnen durch hohe Zinsen spricht niemand; sie mobilisiert Tausende von Projekten für die Dritte und Vierte Welt, und kann schamlose Ausbeutung nicht verhindern.

Doch gegen die Erfahrung der Ohnmacht, die den Traum leicht zum Alptraum werden läßt, steht auch die Kontrasterfahrung. Ich kann mich verlassen auf Freunde, die mir in selbstverständlicher Weise beistehen würden, wenn ich in Not – sei sie physischer oder psychischer Art – geriete. Es ist faszinierend zu sehen, wie viel Hilfsbereitschaft und Hilfe es gibt: unser soziales System würde an manchen Ecken zusammenbrechen, wenn nicht viele Söhne und Töchter (vor allem Töchter) ihre alt gewordenen Eltern pflegen würden – selbstlos und ohne die Kosten-Nutzen-Rechnung aufzumachen; nachbarschaftliche Hilfe ist trotz aller Anonymität und beklagter Isolation immer noch vorhanden; wie wichtig der notleidende Nächste in unserem Kulturraum genommen wird, zeigt auch die Gesetzgebung: unterlassene Hilfeleistung wird bestraft; die Selbsthilfebewegung setzt Heilungskräfte in Gang: gegen verkrustete, überbürokratische Dienstleistungen; unsere sozialen Sicherungen sind Ausdruck und Ergebnis eines Bewußtseins von Hilfe, die nur mit politischen Mitteln durchzusetzen war; auf persönliche und soziale Notsituationen wird angemessen reagiert: von der medizinischen Versorgung bis zur psycho-sozialen Beratungsstelle gibt es ein verzweigtes Netz von Dienstleistungsangeboten. Und schließlich gehört zur Kontrasterfahrung auch, daß jemanden zu helfen ein schönes, befriedigendes Gefühl sein kann. Offensichtlich verlangt sie nicht ausschließlich die aufopfernde Selbstlosigkeit, geleistete Hilfe hat auch an meinem eigenen Selbstwertgefühl erheblichen Anteil.

Der Widerspruch zwischen Ohnmacht und positiver Erfahrung von Hilfe provoziert mich, und zwar deswegen, weil es so leicht und einfach ist, sich auf die private Alltagserfahrung zurückzuziehen, sich dort einzurichten und dabei (oft mit dem leichten Anflug von Resignation) die notwendige Arbeit an den politischen und strukturellen Problemen außer acht zu lassen. Zugleich werde ich den Verdacht nicht los beim Anschauen der Bilder dieses Buches – die Kinder und ihre Erzieher mögen mir verzeihen –, daß die Probleme und Fragen, wie es denn um das Helfen bestellt sei, sich allzurasch auf den Raum der Erziehung beschränken oder abwälzen lassen. Wie sähe denn ein Buch aus (und wäre das nicht als notwendige Ergänzung zu denken), in dem Erwachsene ihr Erfahrungen auf Bildern festhalten? Wenn ich also dem »Traum vom Helfen« weiter auf der Spur bleibe, dann geschieht das unter zwei Voraussetzungen, die das Nachdenken ständig begleiten. 1) Zur Hilfsbereitschaft erziehen läßt sich nicht in einem pädagogischen Schonraum, das beste didaktische Programm nützt wenig, wenn nicht bedacht wird, daß Erwachsene und Kinder in einem gemeinsamen Erfahrungsraum leben. 2) Gleiches gilt auch, wenn eine Erziehung zur Hilfsbereitschaft auf religiöse Traditionen und Motive bezogen wird. Es gibt keine Religion der Kinder ohne die Religion der Erwachsenen.

Sympathie

Was löst Hilfe und Hilfsbereitschaft aus? »Er hatte Mitleid mit ihm« heißt es vom barmherzigen Samariter, und das war der einzige und ausschlaggebende Grund, warum er zum Nächsten wurde. Freilich ist diese Fähigkeit des Mitleidens keine spezifisch christliche Erfindung. Philosophen und Psychologen bezeichnen die Sympathie – das Mitleiden – als ein soziales Urphänomen, das den Menschen in die Lage versetzt, solidarisch und spontan helfend zu handeln. »Bin ich feinfühlig gegenüber dem fremden Leid, kann ich es sehen und daran teilnehmen, dann ist eine wichtige Voraussetzung erfüllt, zu meinem eigenen Leiden in Beziehung zu kommen: zu meinen Grenzen, zu meiner Ohnmacht, zu meinem eigenen Sterbenmüssen. Ich stehe über diesen Weg wieder intensiver mit mir selbst in Verbindung. Aus diesem neuen Bei-mir-selbst-Sein erscheinen mir auch die anderen und deren Leid wieder näher, d. h. ich empfinde mich ihnen gegenüber entkrampft, ohne Verleugnungsverlangen und bin fähig, ihr Leiden mitzutragen« (Stephan Berger: Über den

Zusammenhang von Methodenlernen und Wertvermittlung, in: Caritas '84, S. 234). Auch Bertold Brecht vermutete, daß dieser humane Urinstinkt immer vorhanden ist, er nannte ihn Freundlichkeit. Mitleid und persönliche Hilfe haben auch dann noch Sinn, wenn die Welt dadurch nicht verändert wird:

»Ich höre, daß in New York
An der Ecke der 26. Straße und des Broadway
Während der Wintermonate jeden Abend ein Mann
steht
Und den Obdachlosen, die sich ansammeln
Durch Bitten an Vorübergehende ein Nachtlager
verschafft.
Die Welt wird dadurch nicht anders
Die Beziehungen zwischen den Menschen bessern
sich nicht
Das Zeitalter der Ausbeutung wird dadurch nicht
verkürzt
Aber einige Männer haben ein Nachtlager
Der Wind wird von ihnen eine Nacht lang
abgehalten
Der ihnen zugedachte Schnee fällt auf die Straße.«

(B. Brecht: Die Nachtlager, in: Die Gedichte. Frankfurt 1981, S. 373f.).

Ob man die Sympathie nun Instinkt oder soziales Urphänomen nennt, sie ist in jedem Falle auch eine sehr gefährdete und verletzliche Eigenschaft. Verlustangst und Selbstverwöhnung, die Alltagszwänge von Leistung und Konkurrenz, von Konsumismus und Profitdenken, – all das kann das spontane, sympathische Verhalten bedrohen und unterdrücken. Vielleicht ist das Wissen um diese Verletzlichkeit auch einer der Gründe dafür, warum wir die Tugend des Helfens im Umgang mit Kindern, im erzieherischen Prozeß für so bedeutsam halten; oder wir ahnen, daß in den Kindern dieser »Instinkt« unverfälschter da ist: »Wir sollten uns fragen«, – gibt Lothar Krappmann zu bedenken – »ob wir nicht oft aus Bedenken, offenere und ehrlichere Beziehungen unter Menschen doch nicht zu erreichen, oder auch aus Angst, sie auch gar nicht ertragen zu können, bevorzugen, die Kinder in ein gegen Überraschungen gesichertes Gleichmaß und in gedämpfte Ausdrucksformen einzuüben. Wir erkennen zu selten, daß in den schöpferischen Fähigkeiten der Kinder, daß sowohl in ihren erwünschten als auch in ihren gestörten Verhaltensweisen – hier sozusagen in verkehrter spiegelbildlicher Form – der Entwurf einer freundlichen, hilfsbereiten und versöhnten Welt steckt. Die Kinder demonstrieren uns, wieviel Unterdrückung von Freude, wieviel verlorene Herzlichkeit und wieviel Unehrlichkeit, ja geradezu wieviel soziale Unlogik im Erwachsenen steckt.« (L. Krappmann: Die Bedeutung der schöpferischen Kraft für die Entwicklung des Kindes, in: Das schöpferische Kind. München 1981, S. 66).

Dieser Hinweis macht deutlich, daß eine Erziehung zur Hilfsbereitschaft weiter ansetzen muß als bei pädagogischen Einzelprogrammen: Entscheidender ist, den Kindern Raum zu lassen, in dem sie ihre schöpferischen Fähigkeiten entfalten können, wo sie ihrem neugierigen Drang, ihre Umwelt zu entdecken und auf andere Menschen zuzugehen, nachgeben können. Ich habe Kinder erlebt, die sich im Stadtpark unbefangen und neugierig um die in sich gekehrten, mürrisch-verschlossenen »Stadtstreicher« kümmerten, sie zum Lächeln und schließlich auch zum Mitspielen bewegten. Gewiß, mag der Fachmann einwenden, sie ahnen noch nichts von den Problemen dieser Menschen, und spätestens am Ende der Grundschulzeit haben sie ihre Unbefangenheit verloren und die Vorurteile der Erwachsenen übernommen. Aber in dieser unscheinbaren Situation liegt »der Entwurf einer freundlichen, hilfsbereiten und versöhnten Welt«; für den Erzieher bedeutet das nicht mehr, aber auch nicht weniger, als solches Handeln von Kindern zuzulassen, wahrzunehmen und sich in seinen eigenen Handlungen und Verhaltensweisen von den Kindern beeinflussen zu lassen. Was sonst soll das in der gegenwärtigen pädagogischen Diskussion so gern verwendete Wort »von Kindern lernen« bedeuten?

Die alte Tugend

Um das pädagogische Nachdenken um die Tugend der Hilfsbereitschaft zu intensivieren, mag ein kursorischer Blick auf Geschichte und Gegenwart nützlich sein. In unserem Kulturraum war die Barmherzigkeit, die Linderung fremder Not, schon immer eine geachtete, geschätzte, ja geforderte Tugend. Sie galt bei den Juden als ein Gebot und stand bei den Christen unter dem Namen Caritas – der werktätigen Liebe – an der Spitze der Kardinaltugenden. Almosenspenden war für die Besitzenden nicht nur eine religiöse Verpflichtung, es war auch eine soziale Pflicht, man war sie seinem guten Namen schuldig (der Erfolg eines Vinzenz von Paul bei den Damen der Oberschicht wäre ohne dieses Bewußtsein gar nicht möglich gewesen). Unzählige Ordensgemeinschaften, die sich den sogenannten leiblichen Werken der Barmherzigkeit widmeten, setzten konkrete Zeichen gegen die Unbarmherzigkeit der Zeitläufte, gegen Krieg, Hunger und Krankheit. Die noch ungeschriebene Wirkungsgeschichte der Beispielerzählung vom barmherzigen Samariter ist unübersehbar, – bis heute. Denn was vormoderne Gesellschaften im privaten Raum verwirklichten, ist heute zur sozialpolitischen Selbstverständlichkeit geworden. Versicherungssysteme garantieren mir die Erhaltung meines erworbenen Lebensstandards, schützen mich bei Krankheit und Unfällen, die Steuerpflicht hat die private Wohlfahrt (und damit die Abhängigkeit vom Wohlwollen einzelner) abgelöst; statt des zufälligen Wohlwollens anderer steht mir heute das Recht auf Hilfe zu. Vor kurzem hat die bundesrepublikanische Sozialgesetzgebung ihr 100jähriges Jubiläum gefeiert: Politik ist zum Instrument, »zum Medium der Liebe« (Walter Dirks) geworden. Wie intensiv sich die persönliche Hilfe zur strukturverändernden Politik gewandelt hat, zeigt auch das Beispiel der Entwicklungshilfe. Im Ansatz enthält schon die Samaritergeschichte diese politische Dimension: Der Samariter überreicht dem Wirt der Herberge einen Vorschuß, einen Kredit, damit neben der ersten Hilfe auch die endgültige Heilung sichergestellt ist. (Man kann auch Kindern diese Gleichsetzung von strukturverändernder Politik und Hilfe verdeutlichen und einsichtig machen, indem man ihnen eine phantasieanregende Aufgabe stellt: Der barmherzige Samariter und der inzwischen von seinen Verletzungen Geheilte treffen sich nach einigen Monaten wieder. Sie unterhalten sich, schmieden Pläne, wie der Weg zwischen Jerusalem und Jericho sicherer zu machen sei, wie weitere Überfälle verhindert werden könnten . . .).

Wo Helfen zur Sozialpolitik geworden ist, die Abhängigkeit durch einen Rechtsanspruch ersetzt ist (den in der momentanen sozialstaatlichen Krisensituation zurückzuschrauben fatal wäre), da wird die private Hilfe und Hilfsbereitschaft zu einem Randphänomen. Zum einen gerät sie in die Gefahr, zum wirkungslosen Mitleiden reduziert zu werden, nur noch dazu zu dienen, die Unfälle und Lücken des Systems der Gesellschaft zu kompensieren. Die wachsende Selbsthilfebewegung ist konkreter Ausdruck für einen Widerstand gegen dieses Abdriften zum Randphänomen. Zum anderen steht die alte Tugend des Helfens in der Gefahr – vor allem durch die zunehmende Professionalisierung in den sozialen Berufen – zur sozialpsychologischen Kompensation zu werden: wenn Helfen dazu benützt wird, die eigene Identität zu gewinnen, wendet es sich zum Schaden für die Menschen, die Hilfe brauchen. Die Debatte um die »hilflosen Helfer«, um die Machtstrukturen in der helfenden Beziehung sind Ausdruck dieser Gefahr. Auch diese Einsichten widersetzen sich einer unmittelbaren Umsetzung in den pädagogischen Alltag. Hier ist zuerst die Selbstreflexion des Erziehers, sein Erziehungsstil insgesamt gefordert. Wie identisch bin ich mit mir selbst im erzieherischen Umgang mit Kindern? Wie gehe ich mit der – immer gegebenen – Macht in der Beziehung mit Kindern um? Fördere ich das Selbstwertgefühl der Kinder so, daß sie aus diesem Selbstwertgefühl heraus in der Lage sind, mitleidend zu handeln? Man mag gegen diese Fragen einwenden, daß sie abstrakt sind und schwierig – im Blick auf den konkreten Alltag – zu beantworten. Wenn sie dazu dienen, daß Kinder in ihrer Hilfsbereitschaft nicht überfordert werden, ist schon viel gewonnen. Wenn Kinder teilhaben können an meiner oft ohnmächtigen Hilflosigkeit und an meinen bescheidenen Möglichkeiten, anderen zu helfen; wenn die Erfahrung, eine ganze Tafel Schokolade alleine aufzuessen genauso da ist wie die Erfahrung, daß geteilte Freude doppelte Freude ist; wenn sie Schmerz und Kummer ertragen können und auch erfahren, daß eine Umarmung beides wegwischen kann, – dann ist die pädagogische Ermahnung »du sollst«, »du mußt« überflüssig.

Neue Tugenden

Wenn täglich Tausende von Kindern vor Hunger sterben, wäre es geradezu blasphemisch, die Hilfe für eine überholte Tugend zu halten. Im Gegenteil, nichts ist dringlicher, als die Hilfsbereitschaft, die Fähigkeit zur Sympathie zu stärken. Wobei das für beide Bereiche gilt, den politischen wie den privaten. Daß Hilfe mit der Zeit eine überflüssige Tugend wird, je mehr der Erfolg sich einstellt, die Not gelindert ist, wird wohl noch lange Zeit ein Traum bleiben. Ebenso bleibt privates Mitleiden wirkungslos, wenn es nicht sozial institutionalisiert, in politische Handlungen umgesetzt wird. – Wie dringend die Forderung ist, private Sympathie in den sozialen und politischen Raum auszuweiten, zeigt ein Blick auf die Diskussion um »neue Werte«: Die Krisen unserer Welt sind unübersehbar: die Bedrohung des Friedens, die Unlösbarkeit des Nord-Süd-Konfliktes, Arbeitslosigkeit und die Beziehungsarmut in einer von Konkurrenz, Leistung und Verbrauch bestimmten Umgebung. Neben und mit der Angst um die bedrohte Zukunft setzen sich neue ethische Modelle durch, Verhaltensweisen, die von vielen Menschen schon in Lebenspraxis umgesetzt und von Pädagogen gefordert werden; Autonomie und Solidarität, Zärtlichkeit und Friedensliebe, Gerechtigkeit und Lebensschutz –, mit diesen Worten sind einige dieser neuen Werte angedeutet.

Wer heute Kinder erzieht, kann sich leicht vorstellen, daß diese Kinder in den ersten Jahrzehnten nach dem Jahre 2000 Verantwortung tragen werden und mit den Problemen fertig werden müssen, die wir ihnen aufgeladen haben. Es gehört nicht viel Phantasie dazu, sich auszumalen, daß diese Kinder anders auf ihre Zukunft vorbereitet werden müssen als die Generationen zuvor. Eine Erziehung zur helfenden Sympathie gehört mehr denn je dazu.

Bildnachweis

Die hier ausgesuchten Zeichnungen und Malereien stammen aus folgenden Kindergärten:
Augsburg
Bamberg, St. Elisabeth
Bassenheim, St. Martin
Berlin, Herz Jesu
St. Hildegard
St. Ludwig
Markt Bibart, St. Marien
Bremerhaven-Lhd., St. Ansgar
Bad Cannstadt, St. Vinzenz
Cloppenburg, St. Andreas
Cohne
Deggendorf, St. Martin
Dellmensingen, Don Bosco
Denkendorf, St. Paul
Dingolfing, St. Josef
Duisburg, Christus-unser-Frieden
Erl-Dechsendorf, U. L. Frau
Erlangen, St. Martin
Frankfurt, Allerheiligen
Freyung
Gimmingen
Gladbeck, St. Marien
Hammelburg, Westheim
Heimertingen, St. Martin
Herne, St. Laurentius
Hückelhoven, St. Barbara
Irlbach, St. Maria
Krefeld, St. Norbertus
Körperich, St. Hubertus
Langförden, St. Laurentius
Limburg, Marienschule
Lohne, St. Gertrud
Ludwigshafen-Oggersheim, Maria Himmelfahrt
Maumke, St. Agatha
Medebach, Maria Stella
Mengen, St. Maria
Mendig, St. Nikolaus
Michelsneukirchen
Neuenkirchen
Neuss, St. Peter
Niederheimbach
Nordhorn, St. Elisabeth
Oldenburg, St. Marien
Ottersheim
Otterskirchen
Pfaffenhofen/Roth, St. Martin
Pfullingen
Plattling, St. Raphael
Rehau
Rehlingen-Siersburg, St. Martin
Schlammersdorf, St. Michaelsverein
Schmitten
Schwelm, Hl. Geist
Staffelbach
Strücklingen
Waldkirchen

Leider waren einige Arbeiten nicht zu identifizieren. Sie waren entweder nicht ausreichend gekennzeichnet oder die Beschreibung war nicht genügend befestigt worden und deshalb während der verschiedenen Ausscheidungen verlorengegangen. Das ist schade!